Guia de Conversação *Espanhol* PARA LEIGOS®

2ª Edição Revisada

por Susana Wald

Rio de Janeiro - 2010

Guia de Conversação Espanhol para Leigos 2ª Edição Revisada Copyright © 2010 da Starlin Alta Con. Com. Ltda.

Original English language edition Copyright © 2004 by Wiley Publishing, Inc. by Susana Wald. All rights reserved including the right of reproduction in whole or in part in any form. This translation published by arrangement with Wiley Publishing, Inc

Portuguese language edition Copyright © 2010 da Starlin Alta Con. Com. Ltda. All rights reserved including the right of reproduction in whole or in part in any form. This translation published by arrangement with Wiley Publishing, Inc

"Willey, the Wiley Publishing Logo, for Dummies, the Dummies Man and related trad dress are trademarks or registered trademarks of John Wiley and Sons, Inc. and/or its affiliates in the United States and/or other countries. Used under license.

Todos os direitos reservados e protegidos pela Lei 5.988 de 14/12/73. Nenhuma parte deste livro, sem autorização prévia por escrito da editora, poderá ser reproduzida ou transmitida sejam quais forem os meios empregados: eletrônico, mecânico, fotográfico, gravação ou quaisquer outros.

Todo o esforço foi feito para fornecer a mais completa e adequada informação, contudo a editora e o(s) autor(es) não assumem responsabilidade pelos resultados e usos da informação fornecida. Este livro não contém CD-ROM, disquete ou qualquer outra mídia.

Erratas e atualizações: Sempre nos esforçamos para entregar ao leitor um livro livre de erros técnicos ou de conteúdo; porém, nem sempre isso é conseguido, seja por motivo de alteração de software, interpretação ou mesmo quando alguns deslizes que constam na versão original de alguns livros que traduzimos. Sendo assim, criamos em nosso site, www.altabooks.com.br, a seção Erratas, onde relataremos, com a devida correção, qualquer erro encontrado em nossos livros.

Avisos e Renúncia de Direitos: Este livro é vendido como está, sem garantia de qualquer tipo, seja expressa ou implícita.

Marcas Registradas: Todos os termos mencionados e reconhecidos como Marca Registrada e/ou comercial são de responsabilidade de seus proprietários. A Editora informa não estar associada a nenhum produto e/ou fornecedor apresentado no livro. No decorrer da obra, imagens, nomes de produtos e fabricantes podem ter sido utilizados, e desde já a Editora informa que o uso é apenas ilustrativo e/ou educativo, não visando ao lucro, favorecimento ou desmerecimento do produto/fabricante.

Impresso no Brasil
O código de propriedade intelectual de 1º de julho de 1992 proíbe expressamente o uso coletivo sem autorização dos detentores do direito autoral da obra, bem como a cópia ilegal do original. Esta prática generalizada, nos estabelecimentos de ensino, provoca uma brutal baixa nas vendas dos livros a ponto de impossibilitar os autores de criarem novas obras.

Produção Editorial: Starlin Alta Con. Com. Ltda,
Gerência de Produção: Maristela Almeida e Marcelo Utrine
Coordenação Administrativa: Anderson Câmara
Tradução: Ricardo Sanovick **Revisão**: Ana Carolina Soares
Revisão Técnica: Carla Alejandra Cabrera
Diagramação: Claudio Frota **Fechamento**: Alessandro Talvanes

Rua Viúva Cláudio, 291 - Bairro Industrial do Jacaré
CEP: 20970-031 - Rio de Janeiro – Tel: 21 3278-8069/8419 Fax: 21 3277-1253
www.altabooks.com.br – e-mail: altabooks@altabooks.com.br

Sobre a Autora

Susana Wald é uma escritora e também tradutora de livros em húngaro, espanhol, inglês e francês. Como editora, ela tem trabalhado com livros e autores por vários anos. Foi professora no Chile e Canadá e conheceu a alegria de ensinar a partir do entusiasmo incansável e da tolerância de seus alunos. Ela também é uma artista e tem apresentado seu trabalho em vários países da Europa, América do Norte e América Central.

Sumário

Introdução 1

    Sobre Este Livro 1
    Convenções Usadas no Livro 2
    Suposições Tolas 2
    Ícones Utilizados Neste Livro 3
    Começando 3

Capítulo 1: Como Eu Falo? Falando Espanhol 5

    Você Já Sabe Algo de Espanhol 6
        Cuidado com os falsos amigos 6
        Algumas influências cruzadas 7
    Praticando o ABC 7
        Consoantes 8
        Vogais 14
        Os ditongos 17
    Pronúncia e Sílaba Tônica 18
        Procurando pela sílaba tônica 18
        Acentuando as vogais 19
        Entendendo os acentos nos ditongos 19
    Mais Pontuações! 20
    Conhecendo Algumas Frases Básicas 20

Capítulo 2: Gramática Rápida: Apenas o Básico 21

    Construção de Sentenças 21
    Verbos 22
        Verbos regulares 22
        Verbos irregulares 24
        Outros verbos 25
    Formulando Perguntas 27
    Pronomes Ocultos 28
    O Gênero das Coisas 29
    Usando o Plural 31
    Contando Histórias com Adjetivos 32
    O Você, Você Conhece:O Tú/ O Uso do Usted 32

Capítulo 3: Sopa de Números: Contando Tudo 35

1, 2, 3: Números Cardinais 35
Descobrindo os Números Ordinais 37
Contando o Tempo 38
    Falando as horas 38
    Você está no horário? 39
Dias, Meses e Estações 41
    Que dia é ? 41
    Vivendo mês a mês 42
Contando Seu Dinheiro 43
    Transportando dinheiro 44
    Caixas Eletrônicos 45
    Cartões de crédito 46
    Trocando seu dinheiro 47

Capítulo 4: Fazendo Novos Amigos e Conversando um Pouco 49

Cumprimentos e Apresentações 49
    Apresentações formais 49
    Apresentações informais 51
Verbos de uma Pequena Conversa 51
    Liamarse: Chamar 52
    Ser: Ser 52
    Estar: O segundo ser 55
    Hablar: Falar 56
    Trabajar: Trabalhar 58
    Entender: Entender 59
    Vivir: Viver 60
    Pedindo desculpas 61
As Principais Perguntas 61
Um Dia de Chuva: Falando Sobre o Tempo 63
Como É Sua Família? 64

Capítulo 5: Apreciando uma Bebida, um Petisco ou uma Refeição ... 67

Sentando à Mesa e Refeição Básica 67
Três Verbos Usados à Mesa 68
    Para tomar e beber: O verbo tomar 69
    Apenas para beber: O verbo beber 69
    Para comer: O verbo comer 70
No Restaurante 70
O que Tem no Menu? 73
A Conta por Favor 76

Capítulo 6: Comprando até Cair 77

Dirigindo-se para a Cidade 77
   Entrando na loja 78
   Circulando pela loja 78
   Solicitando a cor e o tamanho..79
   Provando a peça escolhida..81
   Usando o verbo: Comprar...82
   Vestindo e comprando: O verbo levar 82
Comprando em Mercados Tradicionais 83
   Comprando comida 84
   Examinando itens especiais..86
Visitando o Supermercado..88
Negociando suas Mercadorias..89
Comprando a Quantidade Certa...90
Comparando o Bom e o Melhor 90

Capítulo 7: Fazendo do Lazer a Primeira Prioridade 93

Tendo Bons Momentos..93
   Usando o verbo invitar 94
   Usando o verbo bailar 95
Divertindo-se em Shows e Eventos 96
   Escolhendo o cinema...96
   Apreciando o concerto..97
Desfrutando o Ar Livre 98
   Fazendo uma caminhada...99
   Observando os animais...99
Esporte, Esportes, Esportes 101
   O jogo mais popular: Futebol 101
   Beisebol: #2..102
   O verbo: Jugar..103

Capítulo 8: Quando Você For Trabalhar...................................... 105

Usando o Telefone...105
   Atendendo ligações..105
   Deixando mensagens 107
   Fazendo ligações a cobrar 108
Fora do Escritório 109
Dentro do Escritório 110
   Procurando emprego...111
   Marcando e conduzindo uma reunião................................113
   Usando emplear: O verbo empregar...................................114
   Hacer: O verbo fazer 115
Acondicionando o PC 116

Capítulo 9: Circulando ao Redor: Transportes 119

Saindo: Meios de Transporte 119
    Embarcando no trem 119
    Chamando um táxi 120
    Tomando um ônibus 121
    Alugando um carro 122
Apresentando o Passaporte 124
Verbos Usados no Transporte 128
    O verbo sair: Salir 128
    Usando o verbo: Esperar 128
Pedindo Informações 130
    ¿Adónde vamos? Aonde vamos? 130
    O mapa do local 130
    Pegando a direção certa 132
    Entendendo as direções 133
    Aqui, lá e em todo lugar 134

Capítulo 10: Repousando a Cabeça Cansada: Casa ou Hotel .. 137

Falando Sobre Casas 137
    Algumas opções de aluguel 138
    Mobiliando a casa 140
Conhecendo o Hotel 141
Registrando-se 144
O Verbo Dormir 147
O Verbo Despertar 149

Capítulo 11: Procedimentos de Emergência 151

Gritando por Socorro 151
Administrando Problemas de Saúde 152
    Ajudando 153
    Frases de dor no caso de lesões 154
    Pedindo ajuda para uma lesão sangrante 155
    Contando onde é a lesão 155
    Descrevendo sintomas 156
    Conversando com o médico 158
    Visitando o dentista 159
    Assegurando-se do reembolso 159
Obtendo Ajuda para Problemas Legais 160
    Sendo preso 160
    Palavras para quando você for roubado 161
    Informando à polícia 161
Procedimento nas Emergências com o Carro 162

Capítulo 12: Expressões Espanholas Preferidas 165
¿Qué tal? 165
¿Quiubo? 165
¿Qué pasó? 166
¿Cómo van las cosas? 166
¡Del uno! 166
¿Cuánto cuesta? 167
¿A cuánto? 167
¡Un asalto! 167
¡Una ganga! 167
¡Buen provecho! 168
¡Salud! 168
¡Buen viaje! 168

Capítulo 13: Frases que Farão Você Parecer um Nativo 169
¡Esta es la mía! 169
¿Y eso con qué se come? 170
Voy a ir de farra 170
Caer fatal 170
Nos divertimos en grande 171
Ver negro para 171
Pasó sin pena ni gloria 171
¡Así a secas! 172
¡La cosa va viento em popa! 172

Índice Remissivo 173

A 5ª Onda — De Rich Tennant

Eu sei que isso é uma expressão americana popular, mas não se diz "Hasta la vista, baby" para uma freira.

Introdução

A sociedade tem se tornado mais internacional por natureza e saber dizer pelo menos algumas palavras em outras línguas torna-se cada vez mais útil. A queda do preço das tarifas aéreas também tornou a opção de cursos no exterior mais próxima da realidade. Os ambientes empresariais globais exigem muitas vezes, viagens internacionais. Você pode ter apenas amigos e vizinhos que falem outras línguas ou pode querer começar a tocar na sua herança aprendendo um pouco da língua que seus antepassados falavam.

Qualquer que seja a razão para que você aprenda um pouco de espanhol, este livro pode ajudar. Aqui não prometemos fluência, mas se quiser cumprimentar alguém, comprar um bilhete ou escolher algo do menu em espanhol, você não precisará olhar nada além de *Guia de Conversação Espanhol para Leigos*.

Sobre Este Livro

Este não é o tipo de livro que você tem que carregar duas vezes por semana para as aulas. Você pode usar este livro quando quiser, quando seu objetivo for conhecer algumas palavras ou frases que possam ajudá-lo nas viagens aos países da América Central, América do Sul e Espanha ou, simplesmente, gostaria de dizer: "Olá, como vai você?" para seu vizinho que fala espanhol. Aproveite este livro no seu ritmo, leia muito ou pouco, na hora que você quiser. Você não tem que ler os capítulos na ordem que se apresentam, pelo contrário, pode ler apenas as seções que lhe interessam.

Se nunca teve aulas de espanhol antes é recomendável ler os capítulos 1 e 2 antes de consultar os próximos.

Convenções Usadas no Livro

Para tornar a consulta fácil, algumas regras foram estabelecidas:

- Os termos em espanhol estão realçados em **negrito**.
- A pronúncia está em *itálico*, após o termo em espanhol. A sílaba tônica está <u>sublinhada</u> na pronúncia.
- Memorizar palavra-chave e frases é importante no aprendizado de uma língua, assim nós agrupamos as palavras importantes do capítulo ou seção em uma lista denominada "Palavras a Saber". Substantivos em espanhol possuem gênero o qual determina qual artigo deverá ser usado. Em "Palavras a Saber", incluímos os artigos para cada substantivo para que você memorize os dois ao mesmo tempo.

Observe também que cada língua tem seus meios de expressar as ideias, a tradução dos termos em inglês para o espanhol podem não ser exatamente literais. Nós queremos que você conheça a essência do que alguém está falando, não apenas as palavras que ela está dizendo. Por exemplo, você pode traduzir a frase em espanhol **de nada** *(de <u>na</u>-da)* literalmente como "coisa alguma", mas a frase, na realidade, quer dizer "de nada", tradução essa que você encontrará neste livro.

Suposições Tolas

Ao escrever este livro, nós assumimos algumas suposições sobre quem é você e o que você quer. Aqui estão as suposições que nós fizemos sobre você:

- Você não sabe espanhol – ou teve espanhol na escola e não lembra de uma palavra sequer.
- Você não está procurando por um livro que lhe proporcione um espanhol fluente: apenas quer conhecer algumas palavras, frases e sentenças que lhe permita comunicar informações básica em espanhol.
- Você não quer memorizar uma longa lista de palavras ou regras gramaticais chatas.

_____Introdução 3

✔ Você quer se divertir e aprender um pouquinho de espanhol ao mesmo tempo.

Caso essas afirmações apliquem-se a você, encontrou o livro certo!

Ícones Utilizados Neste Livro

Para que você encontre algumas informações de forma fácil, colocamos os seguintes símbolos na margem esquerda da página:

Esse símbolo ressalta dicas que tornarão o seu aprendizado mais fácil.

Para ter certeza de que você não esquecerá das coisas importantes, este símbolo serve como uma recordação, como uma fita amarrada ao redor de seu dedo.

A língua está cheia de caprichos que podem fazê-lo tropeçar, caso não esteja bem preparado. Esse símbolo alerta para pontos estranhos das regras gramaticais.

Nesse símbolo você encontrará informações sobre cultura e viagens em países de língua espanhola. Ele chama a sua atenção para dados culturais interessantes sobre os países onde o espanhol é falado.

Começando

Para aprender uma língua é necessário mergulhar fundo e fazer tentativas (não importa quão ruim esteja sua pronúncia no começo). Então pule ! Comece pelo início ou escolha um capítulo interessante. O importante é se divertir!

Capítulo 1

Como Eu Falo? Falando Espanhol

Neste Capítulo

▶ Reconhecendo o quanto você sabe de espanhol

▶ Falando corretamente (pronúncias básicas)

▶ Conhecendo algumas expressões típicas

Caso esteja familiarizado com o termo "Amante Latino", não irá se surpreender em saber que o espanhol é chamado de língua romance (ou romântica). Mas o romance sobre o qual estamos falando não é exatamente do tipo "Amante Latino", a menos que ame aprender Latim.

O espanhol (bem como outras línguas como o italiano, o francês, o romeno e o português) é uma língua romance porque suas origens estão no latim da velha Roma. Por causa de sua origem comum, as línguas romances possuem várias similaridades na gramática e no modo como soam (o fato de soar romântica quando se fala é apenas um mito!). Por exemplo, a palavra **casa** *(ka-sa)* é quase idêntica na escrita, no significado e no som quando se fala em português, em italiano ou em espanhol.

Este livro concentra a atenção no espanhol falado na América Latina. No decorrer do texto abordaremos também as diferenças nas palavras usadas em 19 países e mencionaremos algumas variações na pronúncia. A América Latina consiste em todo o Hemisfério Ocidental, exceto o Canadá, os Estados Unidos, as Guianas Francesa e Inglesa e algumas ilhas do Caribe como Jamaica, Haiti e Curaçao, locais onde se fala inglês, francês ou alemão.

Você Já Sabe Algo de Espanhol

A língua portuguesa é uma entidade que está sempre crescendo e absorvendo com grande sabedoria coisas que precisa de outras culturas e línguas. Você pode encontrar várias correspondências entre o português e o espanhol nas palavras que derivam tanto do latim como do francês. Essas palavras podem causar tanto alegria como decepção. Alegria por terem o som e o significado semelhantes. Decepção por apresentarem o mesmo som e origem, mas terem significados completamente diferentes.

Entre as alegrias encontradas entre as similaridades entre as línguas existem palavras como **soprano** *(so-pra-no/soprano)*, **pronto** (*pron-to*/breve, rápido, logo) e milhares de outras que diferem em apenas uma ou duas letras, como **conclusión** (*kon-clu-sion*/conclusão), **composición** (*kom-po-zi-sion*/composição), **libertad** (*li-ber-tá*/liberdade), **economía** (*e-ko-no-mia*/economia), **invención** (*in-ven-sion*/invenção) e **presidente** (*pre-si-den-te*/presidente).

Cuidado com os falsos amigos

O problema começa no mundo das palavras que os linguistas franceses têm denominado como falsos amigos. Você não pode acreditar em "ouro dos trouxas", falsos amigos ou em todas as similaridades das palavras. Dentro do grupo de falsos amigos, você pode encontrar palavras que parecem similares a palavras em português e, mesmo tendo a mesma origem, significam coisas completamente diferentes. Um exemplo é o adjetivo "embaraçado" que em português significa envergonhado, endividado, preocupado. Em espanhol **embarazada** *(em-ba-ra-sa-da)* é um adjetivo que possui a mesma origem da palavra em português porém, ela é usada atualmente quase que exclusivamente para denominar gravidez. Assim, você pode dizer em português que você está um pouco preocupado, mas em espanhol você não pode estar um pouco grávido.

Algumas influências cruzadas

O problema termina quando uma palavra de origem portuguesa é absorvida no espanhol ou reciprocamente. Por exemplo: Um exemplo é a palavra "carro". No México as pessoas dizem **carro** *(ka-rro)* Na América do Sul, por outro lado, as pessoas dizem **auto** *(au-to)*. Na Espanha, as pessoas dizem **coche** *(ko-tche)*.

Citamos alguns exemplos de palavras em espanhol que você já conhece, porque em português também as usa:

- Você foi em um **rodeo** *(ro-de-o)* ou em uma **fiesta** *(fies-ta)* ?
- Você pode ter tirado uma **siesta** *(sies-ta)* ou duas.
- Você provavelmente conhece uma **señorita** *(se-nho-ri-ta)* e, certamente tem um **amigo** *(a-mi-go)*. Talvez você o verá esta **mañana** *(ma-nha-na)*.
- Você já conhece os nomes de lugares como **Los Angeles** *(Los An-He-les*/os anjos), **San Francisco** *(San-Fran-sis-ko*/São Francisco), **La Jolla** *(La-ho-ya*/a jóia), **Flórida** *(Fló-ri-da*/Flórida, florescências), **Puerto Rico** *(Puer-to Ri-ko*/Porto Rico).
- Você comeu uma **tortilla** *(tor-ti-ya)*, um **taco** *(ta-ko)* ou um **burrito** *(bur-rri-to)*.
- Você gosta de **tango** *(tan-go)*, de **bolero** *(bo-le-ro)* ou de **rumba** *(rum-ba)*. Ou você pode dançar a **cumbia** *(kun-bia)*.
- Você tem uma amiga chamada **Juanita** *(Hua-ni-ta)*, **Anita** *(A-ni-ta)* ou **Clara** *(Kla-ra)*.

Praticando o ABC

A pronúncia correta é a chave para se evitar mal entendidos. As seções seguintes apresentam algumas regras básicas para a pronúncia adequada.

No decorrer deste livro, você encontrará a pronúncia das palavras em espanhol entre parênteses, é o que chamamos de *suportes de pronúncia*. Separamos também todas as palavras que têm mais de uma sílaba com hífen. A sílaba sublinhada é aquela que leva o acento tônico. Muito mais sobre acento tônico é abordado na seção "Pronunciando a sílaba tônica", ainda neste capítulo. Explicamos cada parte da língua separadamente e as partes rapidamente se encaixam. Prometo!

Nas seções seguintes, comentamos algumas letras do alfabeto sob o ponto de vista do espanhol, com o objetivo de ajudá-lo a entender o alfabeto espanhol e sua pronúncia.

a *(a)*
b *(bê)*
c *(cê)*
d *(dê)*
e *(ê)*
f *(ê-fe)*
g *(Hê)*
h *(a-che)*
i *(i)*
j *(Ho-ta)*
k *(ka)*
l *(ê-le)*
m *(ê-me)*
n *(ê-ne)*

ñ *(ê-nhe)*
o *(ó)*
p *(pê)*
q *(ku)*
r *(ê-rre)*
s *(ê-se)*
t *(tê)*
u *(u)*
v *(bê)*
w *(do-ble bê)*
(bê do-ble, Espanha)
x *(ê-kis)*
y *(i grie-ga)*
z *(se-ta)*

Espanhol também inclui algumas letras dobradas no seu alfabeto: **ch (tche)**, **ll (e-ye)** e **rr (e-rre, r vibrante)**.

Nas seções seguintes não comentaremos todas as letras do alfabeto, somente aquelas as quais se usa diferentemente em espanhol e em português. As diferenças podem estar na pronúncia, na aparência, no fato de raramente utilizar essas letras ou pronúncia-las.

Consoantes

As consoantes soam de maneira semelhante em espanhol e em português. A seguir comentamos as poucas diferenças que você vai encontrar.

Capítulo 1: Como Eu Falo? Falando Espanhol

Na língua espanhola algumas consoantes têm um som diferente do português. Por exemplo, em espanhol a consoante *v* é pronunciada como *b*.

Na língua espanhola, consoante é um som que precisa de uma vogal a seguir para que seja pronunciada. Por exemplo, falar a letra *t* sem o acompanhamento de uma vogal é praticamente impossível em espanhol. Em espanhol, a pronúncia do *t* é **te** *(te)*. Da mesma forma, o espanhol diz **ese** *(e-se)* quando pronúncia a letra s.

Apenas poucas consoantes em espanhol diferem da sua correlata em português. A seção seguinte expõe mais detalhadamente o comportamento e pronúncia dessas consoantes.

A letra K

Em espanhol a letra *k* é usada somente em palavras de origem estrangeira. Na maior parte das vezes, é encontrada na palavra **kilo** *(ki-lo)*, que significa mil em grego. Um exemplo é **kilómetro** *(ki-lô-me-tro)* – a medida de distância que significa mil metros.

A letra H

Em espanhol a letra h é sempre muda.

A letra *H* apresenta um som de vogal, que é abordado na seção "Vogais". Nos parênteses de pronúncia em espanhol, a letra *h* não aparece, porque ela é muda.

São exemplos do *h* no espanhol:

- **Huayapan** *(ua-ia-pan)* (nome de um vilarejo no México)
- **hueso** *(ue-so)* (osso)
- **huevo** *(ue-bo)* (ovo)

A letra J

A consoante *j* soa como um h gutural. Normalmente se pronuncia o *h* de forma muito leve, como se você estivesse apenas expirando o ar . Agora, diga *h (H)*, mas delicadamente eleve a parte traseira da língua, como se fosse falar a letra *k*. Empurre o ar para fora com força, e você terá o som correto. Tente!

Esse som assemelha-se ao do gargarejo, não é mesmo?

O aviso para que você use esse som é encontrado nos parênteses de pronúncia, assinalado com *H* maiúscula.

Agora tente com estas palavras:

- **Cajamarca** *(Ka-Ha-mar-ka)* (nome de uma cidade no Peru)
- **cajeta** *(Ka-He-ta)* (creme delicioso preparado com leite e açúcar)
- **cajón** *(Ka-Hon)* (caixa grande)
- **jadeo** *(Ha-de-o)* (pintura)
- **Gijón** *(Hi-Hon)* (nome de uma cidade na Espanha)
- **jota** *(Ho-ta)* (dança popular espanhola e o nome d letra *j*)
- **tijera** *(Ti-He-ra)* (tesoura)

A letra C

A letra *c*, na frente das vogais *a, o* e *u* soa como o inglês "k" e "c", no Brasil. Usamos a letra *k* nos parênteses de pronúncia para identificar esse som. A seguinte lista dá alguns exemplos:

- **acabar** *(a-ka-bar)* (acabar, terminar)
- **café** *(Ka-fé)* (café)
- **casa** *(Ka-sa)* (casa)
- **ocaso** *(o-Ka-so)* (ocaso, por do sol)

Quando a letra C está na frente das vogais "e" e "i" parece com o som de s em Inglês. Na pronúncia entre parêntese, assinalamos que este som é com s. A lista a seguir tem alguns exemplos:

Capítulo 1: Como Eu Falo? Falando Espanhol 11

- **acero** *(a-se-ro)* (aço)
- **cero** *(se-ro)* (zero)
- **cine** *(si-ne)* (cinema)

Em algumas partes da Espanha, principalmente nas partes norte e central, a letra *c* é pronunciada como o th do inglês quando colocada antes das vogais *e* e *i*.

As letras S e Z

No espanhol falado na América latina, as letras *s* e *z* sempre soam como o *s* no português. Usamos a letra *s* nos parênteses de pronúncia para identificar esse som. A lista a seguir mostra alguns exemplos:

- **asiento** *(a-sien-to)* (assento)
- **sol** *(sol)* (sol)
- **zarzuela** *(sar-sue-la)* (tipo de opereta espanhola)

Em espanhol, *z* também soa, mais ou menos como o som do th em inglês.

As letras B e V

As letras *b* e *v* possuem pronúncia semelhante, o som é algo que fica entre a pronúncia das duas letras. É um som impreciso, mas agradável, puxando mais para o *b*. Se você posicionar seus lábios e dentes para emitir um som de *v* e tentar emitir o som de um *b*, você terá o som correto. Para lembrá-lo de emitir esse som, os parênteses de pronúncia apresentam *b* tanto para o *b* quanto para o *v*. Aqui estão alguns exemplos:

- **cabeza** *(Ca-be-sa)* (cabeça)
- **vida** *(bi-da)* (vida)
- **violín** *(bio-lin)* (violino)

A letra Q

O espanhol não utiliza muito a letra *k*; quando a língua pede um som de *k* na frente de uma vogal *e* e *i*, ele utiliza a combinação de letras *qu*. Assim, quando encontrar a palavra **queso** (*ke-so* / queijo), imediatamente identificará o som do *k*. Seguem alguns exemplos nos quais a letra *q* nos parênteses de pronúncia está sinalizada como *k*.

- **Coquimbo** *(ko-kim-bo)* (cidade no Chile)
- **paquete** *(pa-ke-te)* (pacote)
- **pequeño** *(pe-ke-nho)* (pequeno)
- **tequila** *(te-ki-la)* (bebida mexicana, tequila)

A letra G

Em espanhol a letra g tem duplo som tal como o *c*. Quando a letra *g* é combinada com uma consoante ou quando ela está na frente das vogais *a*, *o* e *u*, ela soa como *g* em gado. São exemplos:

- **begonia** *(be-go-nia)* (begônia)
- **gato** *(ga-to)* (gato)
- **gracias** *(gra-sias)* (obrigado)
- **pagado** *(Pa-ga-do)* (pago)

O *g* muda de som na frente de vogais *e* e *i*. Ele soa então como o espanhol *j*, o qual é sinalizado nos parênteses de pronúncia com a letra maiúscula *H*.

- **agenda** *(a-Hen-da)* (agenda)
- **gerente** *(He-ren-te)* (administrador, gerente)

Ao ouvir o som *g* (como em guia) na frente de vogais *e* e *i*, você deve inserir um *u*, formando assim **gue** e **gui**. Para lembrá-lo desse som, usamos o *gu* nos parênteses de pronúncia. Alguns exemplos;

- **guía** *(gui-a)* (guia)
- **guiño** *(gui-nho)* (piscadela)
- **guerra** *(gue-rra)* (guerra)

Capítulo 1: Como Eu Falo? Falando Espanhol   *13*

Encontro de duas consoantes

O espanhol possui duas consoantes dobradas: **ll** e **rr**. São consideradas como uma só letra e tem um som único. Por essas consoantes serem consideradas únicas, elas se mantêm unidas quando separamos as sílabas. Por exemplo, a palavra **calle** (*ka-ye* / rua) torna-se **ca-lle**, e **torre** (*to-rre* / torre) quando separada torna-se **to-rre**.

A letra LL

O som da consoante **ll** é semelhante ao *i*, como na palavra calle (rua em português), exceto na Argentina e Uruguai.

Argentinos e uruguaios pronunciam essa consoante como o som que você emite quando franze o lábio para pronunciar o *ch*.

Ao longo deste livro usaremos o som como o i do português, que é como o **ll** é pronunciado em 18 dos 20 países que falam espanhol na América latina. Nos parênteses de pronúncia, usaremos o (*y*) para marcar esse som.

Agora tente o som **ll**, usando o som do (*y*) nos seguintes exemplos.

- **brillo** (*bri-yo*) (brilho)
- **llama** (*ya-ma*) (lhama, também um animal do Peru)
- **lluvia** (*yu-bia*) (chuva)

A letra RR

O **rr** soa como um r arrastado e vibrante. Na realidade, todo *r* é arrastado em espanhol, mas a dupla *rr* é o vencedor indiscutível. Para arrastar o *r*, curve a língua de encontro ao céu da boca e você encontrará o som correto. Ele deve ser vibrante.

Uma maneira fácil de emitir esse som é falar a letra *r* como se pretendesse imitar o som de um motor de popa. Espanhóis têm um prazer especial em arrastar o **rr**. Uma curiosidade sobre o **rr** é que nenhuma palavra começa com ele. Isso é um alívio! Nos parênteses de pronúncia ele aparece como **rr**.

14 Guia de Conversação Espanhol Para Leigos, 2ª Edição Revisada

Tente com estas palavras:

- **carrera** (*ka-rre-ra*/ profissão)
- **correo** (*ko-rre-o*/correio)
- **tierra** (*tie-rra*/terra)

A letra Y

Essa letra apresenta um som muito similar ao **ll**. As pessoas na Argentina e no Uruguai pronunciam esse som diferentemente dos demais países da América Latina. Recomendamos que você pronuncie como o *I* em plai-a. Nos parênteses de pronúncia está sinalizado como **i**. A lista a seguir oferece alguns exemplos:

- **playa** (pla-ia/praia)
- **yema** (ie-ma/gema de ovo)
- **yodo** (io-do/iodo)

Em espanhol, a letra *y* nunca é uma vogal, sempre é consoante.

A letra Ñ

Quando você vir um *til* em cima da letra *n*, como **ñ**, use o som de *nh* como na palavra "senhora" em português. Nos parênteses de pronúncia esse som é sinalizado como **nh**. A lista a seguir apresenta alguns exemplos.

- **cuñado** (*ku-nha-do*/cunhado)
- **mañana** (*ma-nha-na*/amanhã)
- **niña** (*ni-nha*/menina)

Vogais

Se você quer falar espanhol como um nativo, tem que se concentrar na pronúncia das vogais.

Capítulo 1: Como Eu Falo? Falando Espanhol 15

A maior diferença entre o português e o espanhol é, indiscutivelmente, o modo de escrever e pronunciar as vogais. Você deve saber que em português, uma única vogal pode apresentar mais de um som, um completamente diferente do outro. A boa notícia é que em espanhol você sempre pronuncia as vogais de uma única maneira.

As próximas seções discutem as cinco vogais e seu som único em espanhol. Elas são **a**, **e**, **i**, **o** e **u**. O espanhol vê cada uma dessas vogais sozinha e produz outros sons combinando-as em duplas.

A vogal A

Quando criança quase todo mundo recitou o ABC. Em espanhol, a vogal *a,* que inicia a lista das vogais, é pronunciada igualmente ao português. Nos parênteses de pronúncia ela é identificada como *a*.

A seguinte lista de exemplos apresenta palavras simples para praticar. Lembre-se de pronunciar cada uma exatamente da mesma maneira.

- **Caracas** (*ka-ra-kas*/cidade na Venezuela
- **mapa** (*ma-pa*/mapa)
- **Guadalajara** (*Gua-da-la-Ha-ra*/cidade no México)

A vogal E

Para se ter uma ideia do som da vogal e em espanhol, sorria suavemente, abra sua boca um pouquinho e diga *eh*. O som é semelhante ao e do português na palavra cem. Nos parênteses de pronúncia essa vogal é sinalizada como *e*.

- **pelele** (*pe-le-le*/manequim, boneco)
- **pelo** (*pe-lo*/pelo, cabelo)
- **seco** (*se-ko*/seco)

A vogal I

A vogal i soa como o *i* em vida. Os exemplos a seguir mostram o som da vogal *i*:

- irritar (*i-rri-tar*/irritar)
- piña (*pi-nha*/abacaxi)
- pintar (*pin-tar*/pintar)

A vogal O

Coloque a boca em posição arredondada como se fosse dar um beijo em uma flor e mantenha essa posição, dizendo *o* . Ela deve soar como o *o* em bolo *(bo-lo)*, mas de maneira curta. Nos parênteses de pronúncia ela esta sinalizada como *o*.

- coco (*ko-ko*/coco)
- Orinoco (*O-ri-no-ko*/rio da Venezuela)
- Oruro (*O-ru-ro*/Cidade da Bolívia)
- toronja (*to-ron-Ha*/toranja)

A vogal U

A quinta e última vogal em espanhol é a letra *u*, e ela soa como *u* em lua, falada de maneira breve. Destacamos este som nos parênteses de pronúncia como *u*. Seguem alguns exemplos:

- cuna (*ku-na*/berço)
- cuñado (*ku-nha-do*/cunhado)
- cúrcuma (*kuv-ku-ma*/açafrão)
- curioso (*ku-vio-so*/curioso)
- fruta (*fru-ta*/fruta)
- luna (*lu-na*/lua)
- tuna (*tu-na*/pera com espinhos)

Capítulo 1: Como Eu Falo? Falando Espanhol

Os ditongos

Ditongo é uma palavra de origem grega, onde *di* significa duas e tongo deriva de uma palavra semelhante que significa som ou voz. Eles simplesmente significam um som duplo.

A palavra em espanhol é **diptongo**. Diptongos são a combinação de duas vogais sob o ponto de vista do espanhol. Desse modo, *i* e *o* combinam para fazer *io* em patio (pa-tio / quintal).

Separando as fracas das fortes

Os **ditongos** sempre são formados por uma vogal fraca e outra forte. A denominação de "vogal fraca" e "vogal forte" é uma convenção do espanhol. Essa convenção provém do fato de que as vogais denominadas "fortes" são dominantes no ditongo. No espanhol, as vogais i e u são vogais fracas, enquanto *a, e* e *o* são fortes.

Para entender o conceito de vogal fraca e forte, imagine uma pequena flauta e uma corneta com som grave. O som da flauta é semelhante ao som do *i* e do *u*, enquanto o da corneta é comparado no espanhol com o *a, e* e o.

Qualquer combinação entre uma sílaba forte e uma fraca é chamada **ditongo**, as quais permanecem juntas na mesma sílaba. Na verdade elas não só permanecem juntas, como são presas uma à outra, como em Rodeo. Você não consegue separá-las.

No **ditongo** a sílaba tônica recai sobre a vogal forte (mais sobre sílaba tônica na seção "Pronúncia e sílaba tônica", ainda neste capítulo). O acento alerta você quando a sílaba tônica cai em uma vogal fraca. (Mais sobre acentos na seção "Acentuando as vogais", neste capítulo). Na combinação de duas vogais fracas, a sílaba tônica recai sobre a segunda vogal.

Veja estes exemplos de ditongos:

- ✔ **bueno** (*bue-no*/bom)
- ✔ **cuando** (*kuan-do*/quando)
- ✔ **fiar** (*fiar*/ vender ou creditar)

- **fuera** (*fue-ra*/do lado de fora)
- **suizo** (*sui-so*/suíço)
- **viudo** (*biu-do*/viúvo)

Separando vogais fortes de outras também fortes

Quando você combina duas vogais fortes, elas não formam um ditongo. Ao contrário, elas mantêm seu valor separadamente, assim você deve colocá-las em sílabas separadas. Aqui estão alguns exemplos:

- **aorta** (*a-or-ta*/aorta) (Veja! Igual ao português)
- **feo** (*fe-o*/feio)
- **marea** (*ma-re-a*/maré)
- **mareo** (*ma-re-o*/vertigem)

Pronúncia e Sílaba Tônica

Em espanhol há sílaba tônica em todas as palavras. Sílaba tônica é o acento que você coloca na sílaba quando você a pronuncia. Uma sílaba sempre tem mais força do que outra. Em palavras com uma única sílaba, encontrar a sílaba tônica é fácil. Mas muitas palavras possuem mais que uma sílaba e então a situação começa a complicar.

Procurando pela sílaba tônica

Você pode acreditar que está procurando pela sílaba tônica? Em espanhol, dar a correta ênfase no momento certo é uma coisa muito agradável e fácil de se conseguir. Se a palavra não tiver acentos, você tem duas possibilidades:

- A palavra é enfatizada antes da última sílaba quando ela termina em vogal, em *n* ou em *s*. Aqui vão alguns exemplos:

    camas (*ka-mas*/camas)

    mariposas (*ma-ri-po-sas*/borboletas)

    pollo (*po-yo*/frango)

Capítulo 1: Como Eu Falo? Falando Espanhol

✔ A palavra é enfatizada na última sílaba quando ela termina com uma consoante que não seja *n* ou *s*. veja estes exemplos:

cantar (*kan-tar/* cantar)

feliz (*fe-lis*/feliz)

Se a palavra é enfatizada de outra maneira, diferente dessas duas já citadas, ela é acentuada indicando onde estará a sílaba tônica.

Acentuando as vogais

Uma das coisas boas de haver acentos em vogais é que você identifica imediatamente a sílaba tônica apenas olhando para a palavra.

A existência do acento não interfere no modo que você pronunciará a vogal, apenas indica a sílaba que deverá ser enfatizada.

Aqui estão alguns exemplos de palavras com acento em vogais:

✔ **balcón** (*bal-kon*/ balcão)

✔ **carácter** (*ka-rak-ter*/caráter)

✔ **fotógrafo** (*fo-tó-gra-fo*/fotógrafo)

✔ **pájaro** (*pá-Ha-ro*/pássaro)

Entendendo os acentos nos ditongos

O acento nos ditongos mostra qual a vogal deverá ser enfatizada. Veja estes exemplos:

✔ **¡Adiós!** (*A-diôs*/Adeus!)

✔ **¡Buenos días**! (*Bue-nos dí-as*/Bom dia!)

✔ **¿Decía?** (*De-sí-a*/O que você está falando?)

✔ **tía** (*tí-a*/tıa̍)

Mais Pontuações!

Você observou a pontuação não familiar em **¡Buenos días!**, **¿Decía?** e **¡Adiós!?** O espanhol indica o modo (ou tom) que você vai falar tanto no início da frase como ao final da pergunta ou exclamação como em **¿Decía?** *(de-si-a)* (O que estava falando?) ou **¡Decía!** *(de-si-a)* (Você está falando!)

A pontuação é o equivalente verbal de se fazer gestos, como se vê a seguir:

- **¿Dónde está?** (*Don-de es-tá*/Onde está?)
- **¡Qué maravilla!** (*ke ma-ra-bi-ya*/Que maravilha!)

Conhecendo Algumas Frases Básicas

As frases seguintes o levam a algumas pausas para que pense na palavra certa:

- **¡Olé!** (*o-lé* / Grande! Magnífico!)

  É uma expressão tipicamente espanhola usada durante touradas no México e no Peru.

- **¿Quiubo?** (*kiu-bo* / Como estão as coisas?)
- **¿De veras?** (*De be-ras* / Verdade?)
- **¡No me digas!** (*No me di-gas* / Não me diga!)

  Essas frases também têm a conotação de descrença.

Capítulo 2

Gramática Rápida: Apenas o Básico

Neste capítulo
- Entendendo a construção de frases simples
- Formulando perguntas
- O gênero das coisas
- O uso formal e informal do pronome você

Sinceramente, estudar gramática não é a maneira mais divertida de se aprender uma língua. Tenha em mente que neste capítulo você começa a conhecer os fundamentos da gramática, os quais poderão ajudá-lo também em outras situações. E lembre-se de que você não precisa digerir este capítulo em uma única refeição. Quando for necessário, nós chamaremos sua atenção para este capítulo nas outras partes do livro.

Agora, você pode ser o tipo de pessoa que realmente se diverte com gramática e estruturas de frases!

Construção de Sentenças

Em espanhol, tal como em português, você forma sentenças combinando o sujeito com o verbo e, talvez, mais algumas informações descritivas. Por exemplo:

La casa es grande. (*La ka-sa ês gran-de*/A casa é grande.)

Aqui o sujeito da sentença é **la casa** (*la ka-sa* / a casa); depois vem o verbo es (ês/é) a seguir vem o adjetivo, **grande** (*gran-de* / grande), o qual descreve a casa. Em espanhol as três partes básicas de uma sentença vem nesta ordem.

Aqui apresentamos mais alguns exemplos:

- **La mujer es bella.** (*la mu-Her ês be-ya* / A mulher é bela.)
- **El hombre es buen mozo.** (*el om-bre ês buen mo-so* / O homem é bom garçon.)
- **Las calles son largas.** (*lãs ca-yes son lar-gas* / As ruas são longas.)

Verbos

Todos os verbos em espanhol terminam em uma das seguintes combinações: **-ar**, **-er** ou **-ir**. Você pode encontrar tanto verbos regulares como irregulares com essas três terminações. Como pode supor, os verbos regulares formam diferentes tempos (passado, presente e futuro) e pessoas (eu/nós, tu, ele/ela, vós, eles/elas) do mesmo modo – um processo denominado *conjugação*. Assim, se souber como conjugar um verbo regular, pode estabelecer a conjugação de todos os verbos regulares similares a ele.

A forma dos verbos irregulares, entretanto, pode variar quando menos se espera. Resumindo, você precisa memorizar a conjugação de cada verbo irregular para ter certeza de que esteja usando-o corretamente. (Não se aborreça se cometer um erro; muitos dos que falam espanhol poderão entendê-lo, mesmo que a terminação do verbo não esteja correta).

Verbos regulares

Em todos os verbos regulares no espanhol, a primeira parte da palavra é a *raiz*, a qual se mantém constante. Por exemplo, o verbo **trabajar** (*tra-ba-Har*/trabalhar) é um verbo regular terminado em **–ar**. A raiz **trabaj** mantém-se a mesma por toda a conjugação.

Capítulo 2: Gramática Rápida: Apenas o Básico

A tabela 2-1 mostra como conjugar esse verbo – e outros verbos regulares terminados em **–ar**.

Tabela 2-1	Três tempos de trabajar (trabalhar)
Conjugação	*Pronúncia*
Presente	
yo trabajo	yô tra-<u>ba</u>-Ho
tú trabajas	tu tra-<u>ba</u>-Ha
él, ella, ello, uno, usted trabaja	el, <u>ey</u>a, <u>ey</u>o, <u>u</u>-no, us-<u>tê</u> tra-<u>ba</u>-Ha
nosotros trabajamos	no-<u>so</u>-tros tra-ba-<u>Ha</u>-mos
vosotros trabajáis	vo-<u>so</u>-tros tra-ba-H<u>ais</u>
ellos, ellas, ustedes trabajan	<u>ey</u>os, <u>ey</u>as, us-<u>te</u>-dês tra-<u>ba</u>-Han
Passado	
yo trabajé	yo tra-ba-<u>Hé</u>
tu trabajaste	tu tra-ba-H<u>as</u>-te
él, ella, ello, uno, usted trabajó	el, <u>ey</u>a, <u>ey</u>o, <u>u</u>-no, us-<u>tê</u> tra-ba-<u>Hô</u>
nosotros trabajamos	no-<u>so</u>-tros tra-ba-<u>Ha</u>-mos
vosotros trabajásteis	vo-<u>so</u>-tros tra-ba-<u>Has</u>-teis
ellos, ellas, ustedes trabajaron	<u>ey</u>os, <u>ey</u>as, us-<u>te</u>-dês tra-ba-<u>Ha</u>-ron
Futuro	
yo trabajaré	yo tra-ba-<u>Ha</u>-rrê
tu trabajarás	tú tra-ba-<u>Ha</u>-rás
él, ella, ello, uno, usted trabajará	el, <u>ey</u>a, <u>ey</u>o, <u>u</u>-no, us-<u>tê</u> tra-ba-<u>Ha</u>-ra
nosostros trabajaremos	no-<u>so</u>-tros tra-ba-<u>Ha</u>-<u>re</u>-mos
vosotros trabajaréis	vo-<u>so</u>-tros tra-ba-<u>Ha</u>-veis
ellos, ellas, ustedes trabajarán	<u>ey</u>os, <u>ey</u>as, us-<u>te</u>-dês tra-ba-<u>Ha</u>-<u>ran</u>

Verbos irregulares

Nos verbos irregulares, a raiz e algumas vezes as terminações do verbo estão sempre mudando, o que complica as coisas.

Um exemplo é o verbo **tener** (*te-ner* / ter). Como demonstrado na tabela 2-2, a raiz do verbo **ten-** muda para **teng-** e **tien-**. Mas olhe atentamente para as terminações e verá que algumas coisas permanecem iguais.

Tabela 2-2	Três tempos de tener (te-ner/ter)
Conjugação	*Pronúncia*
Presente	
yo tengo	djo ten-go
tú tienes	tu tie-nes
él, ella, ello, uno, usted tiene	el, eya, eyo, u-no, us-tê tie-ne
nosotros tenemos	no-so-tros te-ne-mos
vosotros tenéis	vo-so-tros te-nêis
ellos, ellas, ustedes tienen	eyos, eyas, us-te-dês tie-nen
Passado	
yo tuve	djo tu-be
tú tuviste	tu-bis-te
él, ella, ello, uno, usted tuvo	el, eya, eyo, u-no, us-tê tu-bo
nosotros tuvimos	no-so-tros tu-bi-mos
vosotros tuvisteis	vo-so-tros tu-bis-teis
ellos, ellas, ustedes tuvieron	eyos, eyas, us-te-dês tu-bie-ron
Futuro	
yo tendre	yo ten-dre
tú tendrás	tú ten-drás
él, ella, ello, uno, usted tendrá	el, eya, eyo, u-no, us-tê ten-drá
nosotros tendremos	no-so-tros ten-dre-mos

_____Capítulo 2: Gramática Rápida: Apenas o Básico   25

| vosotros tendréis | vo-so-tros tren-drêis |
| ellos, ellas, ustedes tendrán | eyos, eyas, us-te-dês ten-dran |

Outros verbos

As tabelas desta seção fornecem para você a conjugação de três categorias de verbos regulares e alguns outros irregulares.

A tabela 2-3 conjuga o verbo regular **hablar** (*ha-blar*/falar) com a terminação **–ar**.

Tabela 2-3 Verbo regular -ar hablar (ha-blar/falar)

	Presente	*Passado Simples*	*Futuro*
yo (eu)	hablo (falo)	hablé (falei)	hablaré (falarei)
tú (você informal)	hablas	hablaste	hablarás
Ud. (você formal)	habla	habló	hablará
él/ella (ele/ ela)	habla	habló	hablará
nosotros (nós)	hablamos	hablamos	hablaremos
Uds. (vocês formal)	hablan	hablaron	hablarán
ellos/ellas (eles/ elas)	hablan	hablaron	hablarán

A tabela 2-4 conjuga o verbo regular **comer** (*ko-mer* /comer), com terminação **–er**.

Tabela 2-4 Verbo regular -er comer (ko-mer/comer)

	Presente	*Passado Simples*	*Futuro*
yo (eu)	como (como)	comí (comi)	comeré (comerei)
tú (você informal)	comes	comiste	comerás
Ud. (você formal)	come	comió	comerá
él/ella (ele/ ela)	come	comió	comerá
nosotros (nós)	comemos	comimos	comeremos

Uds. (vocês formal)	comen	comieron	comerán
ellos/ellas (eles/ elas)	comen	comieron	comerán

A tabela 2-5 conjuga o verbo regular **vivir** (*bi-bir*/viver), com terminação **–ir**.

Tabela 2-5 — Verbo regular -ir vivir (bi-bir/viver)

	Presente	*Passado Simples*	*Futuro*
yo (eu)	vivo (vivo)	viví (vivi)	viviré (viverei)
tú (você informal)	vives	viviste	vivirás
Ud. (você, formal)	vive	vivió	vivirá
él/ella (ele, ela)	vive	vivió	vivirá
nosotros (nós)	vivimos	vivimos	viviremos
Uds. (vocês, formal)	viven	vivieron	vivirán
ellos/ellas (eles, elas)	viven	vivieron	vivirán

A tabela 2-6 conjuga o verbo irregular **estar** (*es-tar*/estar: localização, condição)

Tabela 2-6 — Verbo irregular estar (es-tar/estar)

	Presente	*Passado Simples*	*Futuro*
yo (eu)	estoy (estou)	estuve (estive)	estaré (estarei)
tú (você, informal)	estás	estuviste	estarás
Ud. (você, formal)	está	estuvo	estará
él/ella (ele, ela)	está	estuvo	estará
nosotros (nós)	estamos	estuvimos	estaremos
Uds. (vocês, formal)	están	estuvieron	estarán
ellos/ellas (eles, elas)	están	estuvieron	estarán

Capítulo 2: Gramática Rápida: Apenas o Básico

A tabela 2-7 conjuga o verbo irregular **ser** (*ser* /ser, permanecer)

Tabela 2-7	Verbo irregular ser (ser/ser)		
	Presente	*Passado Simples*	*Futuro*
yo (eu)	soy (sou)	fui (fui)	seré(serei)
tú (você informal)	eres	fuiste	serás
Ud. (você formal)	es	fue	será
él/ella (ele/ ela)	es	fue	será
nosotros (nós)	somos	fuimos	seremos
Uds. (vocês formal)	son	fueron	serán
ellos/ellas (eles/ elas)	son	fueron	serán

A tabela 2-8 conjuga o verbo reflexivo **lavarse** (*la-bar-se* /lavar a si mesmo)

Tabela 2-8	Verbo reflexivo lavarse (lavar a si mesmo)		
	Presente	*Passado Simples*	*Futuro*
yo (eu)	me lavo	me lavé	me lavaré
tú (você informal)	te lavas	te lavaste	te lavarás
Ud. (você formal)	se lava	se lavó	se lavará
él/ella (ele/ ela)	se lava	se lavó	se lavará
nosotros (nós)	nos lavamos	nos lavamos	nos lavaremos
Uds. (vocês formal)	se lavan	se lavaron	se lavarán
ellos/ellas (eles/elas)	se lavan	se lavaron	se lavarán

Formulando Perguntas

Temos boas notícias para você: formular uma pergunta em espanhol é fácil. Você apenas tem que inverter a ordem do verbo e do sujeito. Você diz **Ésta es...**(*es-ta*/Esta é...) em uma sentença afirmativa, mas para formular uma pergunta, você diz ¿**Es ésta....?**

(*ês es-ta* /É esta...?). Essa troca de palavras é semelhante ao que ocorre em português.

Confira estes exemplos:

> ✔ **Ésta es la puerta.** (*es-ta ês la puer-ta* / Esta é a porta.)
> ✔ **¿Es ésta la puerta?** (*ês es-ta la puer-ta* / É esta a porta?)

Agora, supondo que queira responder de modo negativo. Tudo que tem a fazer é acrescentar a palavra **no** antes do verbo (quase da mesma forma que se faz em português). Por exemplo:

> ✔ **¿Es ése el carro?** (*ês e-se el ka-rro* / É esse o carro?)
> ✔ **No, ése no es el carro** (*no, e-ese no ês el ka-rro* / Não, esse não é o carro.)

Usamos essas sentenças afirmativas na seção anterior "Construindo sentenças" e agora nós as usaremos para demonstrar o modo *interrogativo* e *negativo*.

> ✔ **¿Es bella la mujer?** (*ês be-ya la mu-Her* / É bela a mulher?)
> ✔ **La mujer no es bella.** (*la mu-Her no ês be-yá* / A mulher não é bela.)
> ✔ **¿Es buen mozo el hombre?** (*ês buen mo-so el on-bre* / É bonito o homem ?)
> ✔ **El hombre no es buen mozo.** (*el on-bre no ês buen mo-so* / O homem não é bom garçon.)
> ✔ **¿Son largas las calles?** (*son lar-gas lãs ca-djes* / As ruas são longas?)
> ✔ **Las calles no son largas.** (*lãs ka-yes no son lar-gas* /As ruas não são longas.)

Pronomes Ocultos

Na maior parte dos casos, a língua espanhola permanece bastante regular, o que a torna fácil de aprender e de falar. Entretanto, o espanhol, muitas vezes, esconde o pronome ele, ela e isto. A parte fácil do espanhol é que não precisa falar o pronome – você pode deduzir o pronome a partir da forma verbal.

Capítulo 2: Gramática Rápida: Apenas o Básico 29

Em português você geralmente usa o pronome antes do verbo. Em espanhol não é preciso, porque cada pronome tem uma única forma verbal. O espanhol frequentemente omite o pronome. Dessa forma você fala **Voy al cine** para " Eu vou ao cinema". Veja outros exemplos:

- **Están de vacaciones.** (*es-tan de ba-ca-sio-nes*/Eles estão de férias.)
- **No es el carro** (*no ês cl ka-rro*/Esse não é o carro.)
- **¿Tienen vino?** (*tie-nen bi-no*/Eles ou vocês têm vinho?)

O Gênero das Coisas

O que em espanhol falta em pronomes, ele compensa sendo muito específico em outras partes da frase.

Em espanhol, não apenas as pessoas, mas todas as coisas da natureza possuem gênero!

Quando você se refere às pessoas e aos animais, pode facilmente entender o gênero usado no espanhol porque ele faz parte da sua essência.

O gênero de um substantivo condiciona todas as coisas em torno dele, como o seu sexo que condiciona o seu estilo de vida. Por exemplo, em espanhol **piano** (*pia-no*) termina em o e, assim, só pode ser masculino. Desse modo, piano tem um artigo definido masculino antes dele - **el piano** (*el pia-no*/o piano) ou um artigo masculino indefinido **um piano** (*un pia-no*/um piano).

Em português, você concorda os artigos *o, os, a* e *as*, de acordo com os substantivos, quanto ao gênero, o número e o grau. Com os artigos em espanhol, você pode apontar quando se refere a uma ou várias coisas ou seres e, ao mesmo tempo, especificar o gênero.

Em espanhol, sua recompensa por essa precisão é a variedade. O espanhol tem a política do quanto mais melhor.

- **el** (*el*) (o, pronome definido, singular masculino)
- **la** (*la*) (a, pronome definido, singular feminino)

- **los** *(los)* (os, pronome definido, plural masculino)
- **las** *(las)* (as, pronome definido, plural feminino)
- **un** *(un)* (um, pronome indefinido, singular masculino)
- **una** *(u-na)* (uma, pronome indefinido, singular feminino)
- **unos** *(u-nos)* (uns, pronome indefinido, plural masculino)
- **unas** *(u-nas)* (umas, pronome indefinido, plural feminino)

Agora, como você faz para saber quando usar cada artigo? É fácil: quando a palavra termina em o é masculina, e quando termina em a é feminina.

Existem algumas exceções à regra, mas elas são muito fáceis de descobrir porque elas seguem outra regra – a regra do ma, pa e ta que define que quando as palavras terminam em ma, pa e ta são, provavelmente, masculinas, embora a seja sua última letra.

A parte fácil de memorizar é que a letra s no final da palavra indica um plural. Aqui vão alguns exemplos:

- **el niño** (*el ni-nho*/o menino)
- **los niños** (*los ni-nhos*/os meninos, {ou as crianças})
- **un niño** (*un ni-nho*/um menino)
- **unos niños** (*unos ni-nhos*/uns meninos)
- **la niña** (*la ni-nha*/ a menina)
- **las niñas** (*las ni-nhas*/as meninas)
- **una niña** (*u-na ni-nha*/uma menina)
- **unas niñas** (*u-nas ni-nhas*/umas meninas)

Repare em **los niños**, na lista anterior, e perceba que a tradução é plural tanto para "os meninos" como para "as crianças". Quando você tem um misto de gênero feminino e masculino, deve usar o artigo masculino no plural. Assim, **los niños** pode representar "meninos" ou "meninos e meninas". O mesmo padrão você pode seguir para **unos**.

Certo, você dirá que tanto o espanhol como o português são vagos em alguns pontos. E os falantes de espanhol responderão:

perdão, é dessa forma que ele é. As línguas, assim como as pessoas, se reservam o direito de serem vagas às vezes.

Usando o Plural

Você pode não estar ciente disso, mas já é capaz de fazer plurais dos substantivos em espanhol: simplesmente adicione um s tanto no artigo como no substantivo.

O espanhol é uma língua melodiosa. Não convém ter duas consoantes no final da palavra, assim uma vogal é inserida entre elas _ como em **mujer**, **mujeres**. Assim, quando um substantivo termina em consoante, antes de adicionar o s para formar o plural, o espanhol acrescenta um e. A lista a seguir apresenta alguns exemplos:

- **la mujer** (*la mu-Her* / a mulher)
- **una mujer** (*u-na mu-Her* / uma mulher)
- **unas mujeres** (*u-nas mu-He-res* / umas mulheres)
- **el pan** (*el pan* / o pão)
- **los panes** (*los pa-nes* / os pães)
- **un pan** (*um pan* / um pão)
- **unos panes** (*u-nos pa-nes* / uns pães)
- **el canal** (*el ka-nal* / o canal)
- **los canales** (*los ka-na-les* / os canais)
- **un canal** (*un ka-nal* / um canal)
- **unos canales** (*u-nos ka-na-les* / uns canais)
- **el doctor** (*el dok-tôr* / o doutor)
- **los doctores** (*los dok-to-res* / os doutores)
- **un doctor** (*un dok-tôr*) (um doutor)
- **unos doctores** (*u-nos dok-to-res*) (uns doutores)

Contando Histórias com Adjetivos

O substantivo indica sobre o que você está falando e o pronome indica sobre quem está falando. Os adjetivos são mais divertidos. Eles contam para você como essas coisas e pessoas são. Os adjetivos são a essência da fofoca!

Quando você fala ou faz uma fofoca em espanhol, você é muito específico sobre o gênero e o número. Na verdade, até mesmo os adjetivos chegam a mostrar o gênero e número.

Suponha que você quer dizer "Eu tenho um carro branco". Em espanhol você diz: **Tengo un carro blanco** (_ten_-go un _ka_-Ho _blan_-ko) lembre-se que a palavra **carro** termina com a vogal o, portanto é masculina. Substantivos masculinos pedem adjetivos masculinos: **blanco** (_blan_-ko).

Quando você fala sobre coisas no plural, você adiciona a letra s ao adjetivo para indicar que está falando sobre mais de uma coisa. Assim, **blanco** (_blan_-ko) torna-se **blancos** (_blan_-kos), **alta** (_al_-ta) **altas** (_al_-tas) e assim por diante. Mais exemplos a seguir:

- **Las dos mujeres son altas.** (_las dos mu-He-res son al-tas_ / As duas mulheres são altas.)
- **Ocho hombres altos van en auto rojo.** (_Ô-tcho hon-bres al-tos ban en au-to ro-Ho_ / Oito homens altos vão em um carro vermelho.)

O Você, Você Conhece: O Tú/ O Uso do Usted

Relacionamentos tendem a ser mais formais em espanhol do que em português. Se você necessita ser formal em português, demonstra isso por meio de seu posicionamento corporal ou do tom de sua voz. Em espanhol, a distinção entre **tú** _(tu)_ e **usted** _(us-tê)_ permite que você introduza essa formalidade diretamente na língua.

O espanhol usa **tú** _(tu)_ para os mais íntimos e **usted** _(us-tê)_ para falar de uma maneira mais respeitosa com alguém, como um novo conhecido, uma pessoa mais velha ou hierarquicamente superior.

Capítulo 2: Gramática Rápida: Apenas o Básico 33

Relações humanas são permeadas por sentimentos. Apenas você sabe quando quer ser mais íntimo com alguém. A beleza do espanhol é que você tem recursos verbais para manifestar esses sentimentos.

Em algum ponto do relacionamento entre pessoas que falam o espanhol, uma mudança ocorre do modo formal **usted** para o mais informal **tú**. Duas pessoas da mesma idade, mesma posição social, mesmo nível de educação ou pessoas que pretendem expressar certa intimidade em pouco tempo querem falar uns com os outros de maneira mais informal ou familiar. Elas usam então a palavra **tú** quando se dirigem aos outros. Em espanhol isso se denomina **tutear-se** *(tu-te-ar-se)* ou seja "falar **tú**". Muitos adultos se dirigem às crianças usando **tú**. Essas formalidades tornam os relacionamentos mais elegantes e mais variados. Nos lugares onde o espanhol é falado, as pessoas apreciam que você seja elegante no seu discurso e nas suas relações.

Por outro lado, se você não quer mais proximidade, ou mais intimidade nas relações com alguém, ou se quer manter a relação mais profissional e menos íntima, pode continuar chamando a pessoa por **usted**.

Seguem alguns exemplos de frases onde se usa **tú** e **usted**:

- **¿Cómo se llama usted?** (Como se ya-ma us-tê / Como você se chama?) [Repeitosamente]

- **¿Vas tú con Juan en el auto rojo?** (bás tu con Huan en el au-to ro-Ho/ Você vai com Juan no carro vermelho?) [amigável, íntimo)!

- **Usted tiene una casa muy bella.** (Us-tê tie-ne una ka-sa mui be-ya / Você tem uma casa muito bonita.) (respeitosamente, formal.)

Na Espanha, quando as pessoas querem se dirigir a várias outras, elas usam a palavra **vosotros** *(bo-so-tros)* a qual é o plural de tú. Os latino-americanos que falam espanhol quase nunca usam essa forma

Uma das principais diferenças entre o espanhol da Espanha e o espanhol falado na América é o modo de se dirigir a várias pessoas. Na América as pessoas falam **ustedes**

(*us-tê-des*/vocês), que pode ser um modo formal de se dirigir a duas ou mais pessoas ou pode também ser um modo muito informal. A situação determina a diferença. A seguir alguns exemplos:

- **¿Adónde van ustedes dos?** (*A-don-de ban us-tê dos* / Aonde vão vocês dois?) Pode ser muito informal ou formal.
- **¿Tú viajas en el auto?** (*Tu bia-Has en el au-to* / Você viaja no carro?) Informal
- **¿A usted le gusta el tango?** (*A us-tê le gus-ta el tan-go* / Você gosta de tango?) Formal.

Em textos escritos, você pode encontrar as palavras **usted** e **ustedes** na sua forma abreviada (**Ud.** para **usted** e **Uds.** para **ustedes**). Quando for ler essas abreviaturas em voz alta, deve pronunciar a palavra por inteiro.

Capítulo 3

Sopa de Números: Contando Tudo

Neste capítulo
- Contando até 10
- Contando o tempo
- Gastando dinheiro

Números fazem o mundo girar. Ou é o dinheiro? Bem, provavelmente os dois. Este capítulo oferece frases sobre números e dinheiro que você irá precisar para andar pelo mundo. Ele também mostra como contar o tempo e navegar pelos meses do ano.

1,2,3: *Números Cardinais*

Você pode até pedir uma coisa, ou mais de uma coisa, ou, até mesmo, várias coisas... por enquanto. Mas, eventualmente, irá querer perguntar por duas coisas, ou dez coisas, assim mostraremos como contar em espanhol.

36 Guia de Conversação Espanhol Para Leigos, 2ª Edição Revisada

Numeral	Número	Pronúncia
1	Uno	u-no
2	Dos	dôs
3	Tres	tres
4	Cuatro	kua-tro
5	Cinco	cin-ko
6	Seis	seis
7	Siete	si-e-te
8	Ocho	ô-tcho
9	Nueve	nu-e-be
10	Diez	dies
11	Once	on-se
12	Doce	do-se
13	Trece	tre-se
14	Catorce	ca-tor-se
15	Quince	quin-se
16	Dieciséis	di-e-si-seis
17	Diecisiete	di-e-si-si-e-te
18	Dieciocho	di-e-siô-tcho
19	Diecinueve	di-e-si-nue-be
20	Veinte	bein-te
21	Veintiuno	beín-tiu-no
22	Veintidós	beín-ti-dôs
30	treinta	Treín-ta
31	treinta y uno	Treín-ta i u-no
32	treinta y dos	Treín-ta i dôs
40	cuarenta	kua-ren-ta

Numeral	Número	Pronúncia
41	cuarenta y uno	kua-<u>ren</u>-ta i u-no
50	cincuenta	sin-<u>kuen</u>-ta
51	cincuenta y uno	sin-kuen-ta i u-no
60	sesenta	se-<u>sen</u>-ta
61	sesenta y uno	se-sen-ta i u-no
70	setenta	se-<u>ten</u>-ta
71	setenta y uno	se-ten-ta i u-no
80	ochenta	o-<u>tchen</u>-ta
81	ochenta y uno	o-tchen-ta i u-no
90	noventa	no-<u>ben</u>-ta
91	noventa y uno	no-ben-ta i u-no
100	cien	cién
500	quinientos	ki-<u>nien</u>-tos
1000	mil	mil

Descobrindo os Números Ordinais

Quando lhe são dadas direções, você escuta muitas frases descrevendo coisas como o terceiro bloco à esquerda ou o quarto piso. Assim, números ordinais são extremamente úteis.

Aqui estão os dez primeiros:

- **primero** (primeiro) *(pri-<u>me</u>-ro)*
- **segundo** (segundo) *(se-<u>gun</u>-do)*
- **tercero** (terceiro) *(ter-<u>se</u>-ro)*
- **cuarto** (quarto) *(<u>kuar</u>-to)*
- **quinto** (quinto) *(<u>kin</u>-to)*
- **sexto** (sexto) *(<u>secs</u>-to)*

- **séptimo** (sétimo) *(sep-ti-mo)*
- **octavo** (oitavo) *(oc-ta-bo)*
- **noveno** (nono) *(no-be-no)*
- **décimo** (décimo) *(dé-si-mo)*

Aqui estão algumas frases para ajudar você a praticar o uso dos números ordinais:

- **Vivo en el octavo piso.** (*Bi-bo en el oc-ta-bo pi-so*/Vivo no oitavo andar.)
- **En el primer piso hay una florería.** (*En el pri-mer pi-so ai u-na flo-re-ría*/No primeiro andar existe uma loja de flores.)
- **La terraza está en el décimo noveno piso.** (*La te-rra-sa es-tá en el dé-si-mo no-be-no pi-so*/O terraço está no décimo nono andar.)

Contando o Tempo

Todos os países têm o seu próprio sentido de tempo, mas você ainda precisa saber como dizer isso.

Falando as horas

¿Qué hora es? (*Quê o-ra ês?*/Que horas são?) é a pergunta que você vai precisar fazer muitas vezes. Para falar a hora, apenas adicione os minutos à hora, como em português. Confira as frases a seguir para ver como funciona:

- **Son las ocho cuarenta y cinco.** (*Son las ô-tcho ka-ren-ta i sin-ko*/São oito e quarenta e cinco; 8h45.)
- **Son las veinte y treinta horas.** (*Son las bein-te i trein-ta ho-ras*) (São vinte horas e trinta; 20h30.)
- **Voy a las diez de la mañana.** (*Boi a las dies de la ma-nhã-na*/Estou indo às dez da manhã.)
- **Llega a las nueve de la noche.** (*ye-ga a las nue-be de la nô-tche*/Chega às nove da noite.)

Capítulo 3: Sopa de Números: Contando Tudo 39

- **Vengo a la una y cuarto.** (*Ben-go a la u-na i kuar-to*/Venho à uma e quinze.)
- **Un cuarto para las dos llovió.** (*un kuar-to pa-ra las dôs yô-bio*/Choveu às quinze para as duas.)
- **Son diez para las once.** (*Son dies pa-ra las on-se*/ São dez para as onze.)

Estas frases ajudam você a definir a hora e o lugar, quando você estiver pronto para sair da cidade.

- **¿a qué hora?** (*a kê Ho-ra*/a que horas?)
- **¿cuándo comienza?** (*kuan-do ko-mien-sa*/quando começa?)
- **¿hasta qué hora?** (*as-ta ke-o-ra*/até que horas?)

Palavras a Saber

la hora	la o-ra	a hora
el minuto	el mi-nu-to	o minuto
el segundo	el se-gun-do	o segundo
el cuarto	el kuar-to	um quarto
el medio	medio(o)	meia/ meio
mediodía	me-dio-di-a	meio-dia
medianoche	me-dia-no-tche	meia-noite
la tarde	la tar-de	a tarde
la noche	la no-tche	a noite

Você está na horário?

A lista a seguir contém frases para quando você quiser planejar alguma coisa:

- **a la hora** *(a la o-ra)* (na hora)
- **anda atrasado** *(an-da a-tra-sa-do)* (atrasado)

40 Guia de Conversação Espanhol Para Leigos, 2ª Edição Revisada

- **viene adelantado** (bie-_ne_ a-de-lan-_ta_-do) (veio adiantado)
- **el horario** (el o-_ra_-rio) (no horário)
- **es temprano** (ês ten-_pra_-no) (é cedo)
- **es** tarde (es _tar_-de) (é tarde) (tempo)
- **la tarde** (la _tar_-de) (à tarde)

A palavra **tarde** (_tar_-de) tem diferentes significados dependendo como você usa o artigo.

Algumas vezes, o itinerário de um ônibus, trem ou avião não está atualizado e você pode precisar perguntar sobre ele. Aqui estão algumas respostas que você pode ouvir:

- **Hay que esperar, está atrasado.** (Ai ke es-pe-_rar_, es-_tá_ a-_tra_-sa-do/Devem esperar, está atrasado.)
- **El vuelo llegó adelantado.** (El _bue_-lo ye-_gô_ a-de-lan-_ta_-do/O voo chegou adiantado.)
- **El reloj está adelantado.** (el re-_ló_ es-_tá_ a-de-lan-_ta_-do)(O relógio está adiantado.)
- **El bus va adelantado.** (el bus bá a-de-lan-_ta_-do/O ônibus está adiantado.)
- **El tren va a llegar a la hora.**(el tren bá a ye-_gar_ a la _o_-ra / O trem vai chegar na hora.)
- **Esperan porque va a llegar tarde.** (Es-_pe_-ran _por_-ke bá a ye-_gar_ _tar_-de/ Esperam porque vai chegar tarde.)
- **El bus viene a la hora.**(El bus bie-_ne_ a la _ho_-ra/O ônibus vem na hora.)

Se você estiver atrasado pode dizer:

- **Es tarde; ya son las ocho.** (Ês _tar_-de; ia son las _o_-tcho/É tarde; já são oito horas.)
- **Estoy atrasado; ya es mediodía.** (Es-_toy_ a-tra-_sa_-do; ia ês me-dio-_dia_/ Estou atrasado; já é meio-dia.)
- **Me tengo que apurar, es medianoche.** (Me _ten_-go que a-pu-_rar_, ês me-dia-_no_-tche/Tenho que me apressar, já é meia-noite.)

Capítulo 3: Sopa de Números: Contando Tudo 41

> ✔ **Un minuto, por favor.** (*um mi-nu-to, por fa-bor*/Um minuto, por favor.)
>
> ✔ **Un segundo, por favor.** (*um se-gun-do, por fa-bor*/Um segundo, por favor.)
>
> ✔ **Un momento, por favor.** (*um mo-men-to, por fa-bor*/Um momento, por favor.)

Se estiver se aproximando a hora do dia, você diz:

> ✔ **Es tarde.** (*Ês-tar-de*/É tarde.)
>
> ✔ **Es temprano.** (*Ês ten-pra-no*/É cedo.)
>
> ✔ **Estoy atrasado.** (*Es-toi a-tra-sa-do*/Estou atrasado.)

Dias, Meses e Estações

Certo, dias e meses não são números, mas é uma forma de se medir o tempo. As próximas seções lhe darão coisas que você precisa saber.

Que dia é ?

Aqui estão os dias da semana em espanhol:

> ✔ **luncs** (*lu-nes*)(segunda-feira)
>
> ✔ **martes** (*mar-tes*) (terça-feira)
>
> ✔ **miércoles** (*miér-ko-les*)(quarta-feira)
>
> ✔ **jueves** (*Hue-bes*)(quinta-feira)
>
> ✔ **viernes** (*Bier-nes*)(sexta-feira)
>
> ✔ **sábado** (*Sá-ba-do*)(sábado)
>
> ✔ **domingo** (*Do-min-go*)(domingo)

Estas frases podem vir a calhar quando você estiver falando sobre os dias da semana:

- **La clase va a ser el martes.** (*La kla-se bá a ser el mar-tes*/A aula será realizada na terça –feira.)
- **No puedo ir hasta él miércoles.** (*No pue-do ir as-ta el miér-ko-les*/Não posso ir até quarta-feira.)
- **Va a llegar el viernes.** (*Ba a ye-gar el bier-nes*/Ele vai chegar na sexta-feira.)
- **Me voy el domingo.** (*Me boi el do-min-go*/Eu vou sair no domingo.)

Algumas vezes você também precisa indicar o tempo aproximado como nas seguintes frases:

- **la semana entrante.** (*la se-ma-na en-tran-te*/na semana que vem [Literalmente na semana que entra])
- **la semana próxima** .(*la se-ma-na pró-csi-ma*/na próxima semana)
- **la semana que viene.** (*la se-ma-na ke bie-ne*/na próxima semana [Literalmente na semana que está vindo])
- **La semana entrante va a venir en avión.** (*la se-ma-na en-tran-te ba a be-nir em a-bion*/Ela virá de avião na semana que vem.)
- **La semana siguiente es buena fecha.** (*la se-ma-na si-guien-te ês bue-na fé-tcha*/A semana que vem é uma boa data.)

Vivendo mês a mês

Observe que em espanhol, os nomes dos meses não começam com letra maiúscula.

- **enero** *(e-ne-ro)* (janeiro)
- **febrero** *(fe-bre-ro)* (fevereiro)
- **marzo** *(mar-so)* (março)
- **abril** *(a-bril)* (abril)
- **mayo** *(ma-io)* (maio)
- **junio** *(ju-nio)* (junho)
- **junio** *(ju-lio)* (julho)

Capítulo 3: Sopa de Números: Contando Tudo 43

- **agosto** *(a-gos-to)* (agosto)
- **septiembre** *(sep-tien-bre)* (setembro)
- **octubre** *(ok-tu-bre)* (outubro)
- **noviembre** *(no-bien-bre)* (novembro)
- **diciembre** *(di-sien-bre)* (dezembro)

Você pode precisar utilizar frases como as que se seguem quando falar sobre os meses:

- **En enero voy a ir a Colombia.** (*En e-ne-ro boi a ir a ko-lôm-bia*/ Em janeiro vou para Colômbia.)
- **Vuelvo de España en marzo.** (*Buel-bo de Es-pa-nha en mar-so*/Volto da Espanha em março.)
- **El viaje es de julio a diciembre.** (*El bia-He ês de ju-lio a di-ciem-bre*/A viagem é de julho a dezembro.)
- **La estación de lluvias es de mayo a noviembre.** (*La esta-sion de yu-bias ês de ma-io a no-bien-bre*/A estação de chuvas é de maio a novembro.)

Palavras a Saber

otoño	(o-to-nho)	(outono)
verano	(be-ra-no)	(verão)
primavera	(pri-ma-be-ra)	(primavera)
invierno	(in-bier-no)	(Inverno)
la Seca	(la se-ca)	(a estação da seca)
la de Las Lluvias	(la de las yu-bias)	(a estação das chuvas)

Contando Seu Dinheiro

Nas próximas seções você irá descobrir tudo o que precisa para movimentar o dinheiro em lugares onde se fala o espanhol.

Transportando dinheiro

Aqui estão alguns termos de transporte de dinheiro que você pode precisar.

- **dinero en efectivo** *(di-ne-ro en efek-ti-vo)* ("dinheiro vivo")
- **en billetes** *(en bi-ye-tes)* (em notas)
- **en monedas** *(en mo-ne-das)* (em moedas)
- **una moneda de oro** *(u-na mo-ne-da de o-ro)* (uma moeda de ouro)
- **la moneda de plata** *(la mo-ne-da de pla-ta)* (uma moeda de prata)

As pequenas frases a seguir sobre dinheiro podem ser úteis:

- **¿Traes algún dinero?** (*tra-es al-gun di-ne-ro*/Traz algum dinheiro?)
- **¿Tienes dinero en efectivo?** (*Tie-nes di-ne-ro en e-fek-ti-bo*/ Tem dinheiro vivo?)
- **¿Tiene una moneda de cincuenta centavos?** (*Ti-e-ne u-na mo-ne-da de sin-ken-ta sen-ta-bos*/Você tem uma moeda de cinquenta centavos?)
- **No tenemos monedas .**(*No te-ne-mos mo-ne-das*/Não temos moedas.)
- **Necesitan dos monedas de diez centavos.** (*Ne-se-si-tan dos mo-ne-das de diés sen-ta-bos*/ Precisam de duas moedas de dez centavos.)
- **Pagamos con dos billetes de veinte pesos.** (*Pa-ga-mos con dôs bi-ye-tes de beín-te pe-sos*/Pagamos com duas notas de vinte pesos.)
- **Aquí tiene un billete de cien colones.** (*A-ki tié-ne un bi-ye-te de sién ko-lo-nes*/Aqui tem uma nota de cem colones.)

Palavras a Saber

algún	(al-_gun_)	(algum)
el dinero	(el di-_n_-ro)	(o dinheiro)
el billete	(el bi-_ye_-te)	(o bilhete)
la moneda	(la mo-_ne_-da)	(a moeda)

Caixas Eletrônicos

Alguns Caixas eletrônicos existem tanto em espanhol como em português. Caso você não tenha a tela em português, aqui estão algumas frases na sequência em que elas aparecem:

- **Introduzca su tarjeta por favor.** (*In-tro-dus-ka su tar-He-ta por fa-bor*/ Introduza seu cartão por favor.)

- **Por favor teclee su número confidencial.** (*por fa-bor, te-slee su nu-me-ro kon-fi-den-sial*/ Por favor, digite sua senha.)

Nesse ponto você deve apertar o botão em que se lê **Continuar** *(kon-ti-nuar)* (Continuar). A seguir as seguintes frases aparecerão:

- **Retiro en efectivo.** (*Re-ti-ro en e-fek-ti-bo*/Saque em dinheiro.)

    Se você quiser sacar dinheiro, as seguintes opções irão aparecer:

    Tarjeta de crédito (*Tar-He-ta de kré-di-to*/Cartão de crédito)

    Cuenta de cheques (*kuen-ta de tche-kes*/Conta corrente)

    Débito/ Inversiones (*Dé-bi-tos/In-ber-sio-nes*/(Débitos/Investimentos)

- **Consulta de saldo** (*kon-sul-ta de sal-do*/Consulta de saldo)

Caso você demore para apertar esses botões, aparecerá a seguinte mensagem:

- **¿Requiere más tiempo?** (*Re-kié-re más tien-po*/Precisa de mais tempo?)

- ✔ **Sí/No** (*si-no* / Sim-Não)

Se você pressionar sim, volta para tela anterior. Quando isso acontecer, escolha **cuenta de cheques** (*kuen-ta de tche-ques*/conta corrente), a qual lhe dá a opção de dinheiro:

- ✔ 100,200,300,400,500,1.000, 1.500
- ✔ **¿Otra cantidad?** (*O-tra kan-ti-da?*/Outro valor?)

Pressione a tecla com o valor desejado, e seu dinheiro será entregue. A seguir as seguintes mensagens aparecerão:

- ✔ **Entregado** (*En-tre-ga-do*/Sacado)
- ✔ **Saldo** (*Sal-do*/Saldo)
- ✔ **Por favor tome su dinero.** (*Por fa-bor to-me su di-ne-ro*/Por favor, retire seu dinheiro.)

Palavras a Saber

introducir	in-tro-du-sir	introduzir
retiro	re-ti-ro	retirada/saque
saldo	sal-do	saldo
cuenta	ku-en-ta	conta
débito	de-bi-to	débito
cantidad	kan-ti-da	quantia
entregar	en-tre-gar	entregar

Cartões de crédito

Cartões de crédito são muito convenientes, mas não são aceitos em todos os lugares. Aqui estão algumas frases que você precisa conhecer:

- ✔ **¿Aceptan tarjetas de crédito?** (*A-sep-tan tar-He-tas de kré-di-to?*/Aceitam cartão de crédito?)

- **Aquí tiene mi tarjeta.** (*a-ki tié-ne mi tar-He-ta*/Aqui está meu cartão.)
- **Un momento, ya vuelvo con su recibo.** (*Um mo-men-to, ya buel-bo con su re-ci-bo*/Um momento e já volto com seu comprovante.)
- **Firme aquí, por favor.** (*Fir-me a-ki, por fa-bor*/Assine aqui, por favor.)
- **Aquí tiene su tarjeta y su recibo. Gracias.** (*A-ki tié-ne su tar-He-ta i su re-ci-bo. Gra-cias*/ Aqui está seu cartão e seu comprovante. Obrigado.)

Palavras a Saber

servir	(ser-bir)	(servir)
la tarjeta	(la tar-He-ta)	(o cartão)
el recibo	(el re-ci-bo)	(o comprovante/recibo)
firmar	(fir-mar)	(assinar)
la autorización	(la au-to-ri-sa-ción)	(a autorização)
la ventanilla	(la ben-ta-ni-ya)	(pequena janela ou guichê)
la identificación	(la i-den-ti-fi-ka-sion)	(a identificação)

Trocando seu dinheiro

Cada país tem sua própria moeda corrente. Quando você viaja precisa usar a moeda local para fazer transações, assim tem que fazer o câmbio do seu dinheiro.

Em espanhol, trocar o dinheiro ou fazer o câmbio tem o mesmo significado do verbo **cambiar** *(cam-biar)*. É um verbo regular, assim, veja, no capítulo 2, a conjugação.

Conhecer estas frases é conveniente quando você tenta encontrar um lugar para trocar seu dinheiro.

48 Guia de Conversação Espanhol Para Leigos, 2ª Edição Revisada

- **¿Dónde puedo cambiar dólares?** (*Don-de pue-do can-biar dó-la-res*/ Aonde posso trocar dólares?)

- **¿Dónde encuentro una casa de cambio?** (*Don-de en-kuen-tro u-na ka-sa de kan-bio*/Aonde encontro uma casa de cambio?)

- **La casa de cambio te puede cambiar tus dólares.** (*La ka-sa de kan-bio pue-de kan-biar tus dó-la-res*/A casa de câmbio pode trocar seus dólares.)

- **En el banco cambian dólares.** (*En el ban-ko kan-biam dó-la-res*/ No banco troca dólares.)

- **En esa ventanilla cambian monedas.** (*En e-sa ben-ta-ni-ya kam-bian mo-ne-das*/Nesse guichê trocam moedas.)

A pessoa que empresta ou troca dinheiro é denominada **cambista** (*kan-bis-ta*/cambista).

Depois que você estiver em uma **casa de câmbio**, estas frases serão úteis;

- **Quiero cambiar dólares por bolívares**. (*kie-ro kam-biar dó-la-res por bo-lí-ba-res*/Quero trocar dólares por bolívares.)

- **¿A cuánto está el dólar americano?** (*A kuan-to es-tá el dó-lar a-me-ri-ka-no?*/Quanto está o câmbio para o dólar americano?)

- **¿A la compra o a la venta?** (*A la kon-pra o a la ben-ta*/Para comprar ou para vender?)

- **¿Me cambia cien, por favor?** (*Me kan-bia sien, por fa-bor*/ Me troca cem, por favor?)

- **Cómo no, aquí tiene el recibo, aquí el dinero.** (*komo no, a-ki tie-ne el re-si-bo, a-ki el di-ne-ro*/Claro, aqui está o comprovante, aqui está o dinheiro.)

- **Es muy alta la comisión con que cambian.** (*És mui al-ta la ko-mi-sion con ke kan-bian*/A comissão para o câmbio é muito alta.)

Capítulo 4

Fazendo Novos Amigos e Conversando um Pouco

Neste capítulo
- Fazendo apresentações
- Fazendo perguntas
- Conversando sobre o tempo e a família

Encontrar novas pessoas e procurar conhecê-las pode ser estressante, principalmente quando você tem que conversar em uma língua que não é a sua. Este capítulo ajuda você a elaborar uma pequena conversa com seus amigos e vizinhos que falam espanhol.

Cumprimentos e Apresentações

No momento em que você começa um relacionamento, os latino-americanos julgam que manter certa distância é desejável. Apenas quando conhecer a pessoa deve usar frases informais.

Apresentações formais

Aqui estão algumas possíveis apresentações formais que podem acontecer em uma cafeteria, com uma pessoa que já esteja sentada.

- **Pedro: ¿Me permite?** *(Me per-mi-te/* Posso?)

- **Jane: Sí, ¡adelante!** *(Si, a-de-lan-te/*Sim é claro!)

- **Pedro: Buenas tardes. Me llamo Pedro García Fernández.** *(Bue-nas tar-des. Me ya-mo Pe-dro Gar-sia Fer-nan-des/*Boa tarde. Me chamo Pedro Garcia Fernandez.)

- **Jane: Mucho gusto, señor Garcia** *(Mu-tcho gus-to, se-nhor Gar-sia/*Muito prazer, senhor Garcia.)

- **Pedro: Y usted ¿cómo se llama?** *(i us-te kó-mo se ya-ma)* (E você? Como se chama?)

- **Jane: Me llamo Jane Wells.** *(me ya-mo Jane Wells)* (Me chamo Jane Wells.)

- **Pedro: Mucho gusto.** *(mu-tcho gus-to)* (Muito prazer.)

Aqui você tem a maneira como apresentar uma pessoa à outra:

- **Pepe: Buenas tardes. ¿El señor Kendall?** *(bue-nas tar-des el se-nhor Kendall)* (Boa tarde. Senhor Kendall?)

- **Mr Kendall: Sí, me llamo Kendall.** *(si me ya-mo Kendall)* (Sim, me chamo Kendall.)

- **Pepe: Permítame que le presente al señor Fernando Quintana Martinez.** *(per-mi-ta-me ke le pre-sen-te al se-nhor fer-nan-do kin-ta-na mar-ti-nes)* (Permita-me que lhe apresente o senhor Fernando Quintana Martinez.)

- **Mr Kendall: Mutcho gusto.** *(mu-tcho gus-to)* (Muito prazer.)

- **Pepe: Y ésta es la señora Lucía Sanchez de Quintana.** *(i es-ta es la se-nho-ra lu-sía san-tches de kin-ta-na)* (E esta é a señora Lúcia Sanches de Quintana.)

- **Mr Kendall: Mucho gusto, señora.** *(mut-tcho gus-to se-nho-ra)* (Muito prazer, senhora.)

Quando você quer ser formal com alguém você diz:

- **Sra Salinas: Buenos días, sr. Rivera. ¿Cómo está?** *(bue-nos dias se-nho ri-be-ra co-mo es-ta)* (Bom dia, senhor Rivera. Como vai?)

- **Sr Rivera: Muy bien. ¿Y Usted?** *(mui bien i us-te)* (Muito bem. E você?)

- **Sra Salinas: Bien, gracias.** *(bien, gra-sias)* (Bem, obrigada.)

Capítulo 4: Fazendo Novos Amigos e Conversando um Pouco 51

Se você está sendo apresentado a uma pessoa muito importante ou famosa, deve ser especialmente formal. Deve então usar os exemplos que se seguem:

- ¿**Me permite presentarle a ....?** *(me per-mi-te pre-sen-tar-le a)* (Me permite apresentá-lo a ....?)
- **Es un gusto conocerle.** *(es un gus-to ko-no-cer-le)* (É um prazer conhecê-lo.)
- **El gusto es mío.** *(el gus-to es mío)* (O prazer é meu.)

Apresentações informais

Aqui apresentamos como jovens podem informalmente apresentar-se aos outros:

- **John: ¡Hola! ¿Cómo te llamas?** *(ô-la! ko-mo te ya-mas)* (Olá! qual é seu nome?)
- **Julia: Me llamo Julia. ¿Y tú?** *(me ya-mo Hu-lia i tu)* (Me chamo Júlia, e você?)
- **John: Yo me llamo John.** *(io me ya-mo Jon)* (Eu me chamo John.)

Caso eles queiram se cumprimentar dias depois, eles podem dizer:

- **John: Buenos días. ¿Qué tal?** *(bue-nos dias ke tal)* (Bom dia. Como vão as coisas?)
- **Julia: ¡Ah, hola John! ¿Cómo estás?** *(A! ôla Jon ko-mo estás)* (Olá John. Como vai?)
- **John: Bien. ¿Y tú?** *(bien i tu)* (Bem. E você?)
- **Julia: Bien.** *(bien)* (Bem.)

Verbos de uma Pequena Conversa

Quando você encontra alguém que não conhece e tem uma pequena conversa, você frequentemente usa poucos verbos. Nós iremos conjugar os verbos irregulares nas seções seguintes. Se você precisar dar um empurrão na sua memória para lembrar como conjugar os verbos regulares, veja o capítulo 2.

Llamarse: Chamar

O verbo **llamarse** *(ya-mar-se)* (chamar) é um verbo regular com a terminação –ar; entretanto, o se no final mostra a você que ele é reflexivo, o que o torna irregular (ninguém disse que gramática é fácil.) A tabela 4 conjuga esse verbo para você. E caso você precise dar uma sacudida na memória, verbo reflexivo é aquele que atua sobre o substantivo (ou sujeito) da frase. Por exemplo na sentença **yo me llamo** *(yo me ya-mo)* literalmente "Eu chamo eu mesmo". Nesse caso, "eu" é o sujeito da sentença e "chamo eu mesmo" reflete-se sobre o "eu". Toda vez que você vir o se no final do verbo, simplesmente coloque o pronome reflexivo (*me* no exemplo anterior) na frente do verbo.

Tabela 4-1	Llamar-se
Conjugação	*Pronúncia*
yo me llamo	yo-me ya-mo
tu te llamas	tu te ya-mas
él, ella, ello, uno, usted se llama	él, é-ya, é-yo, u-no, us-te se ya-ma
nosotros nos llamamos	no-so-tros nos ya-ma-mos
vosotros os llamáis	bos-so-tros os ya-mais
ellos, ellas, ustedes se llaman	é-yos, é-yas, us-te-des se ya-man

Ser: Ser

Ser *(sehr)* (ser) indica condição ou estado permanente, como o fato de que você é você. Também se refere a todas as coisas que são permanentes como lugares, países e certas condições ou estados de existência, como forma, profissão, nacionalidade e local de origem.

- ✔ **Soy mujer.** *(soi mu-Her)* (Sou mulher.)
- ✔ **Soy canadiense.** *(soi ka-na-dien-se)* (Sou canadense.)
- ✔ **Soy de Winnipeg.** *(soi de Winnipeg)* (Sou de Winnipeg.)

Capítulo 4: Fazendo Novos Amigos e Conversando um Pouco 53

- **Ellos son muy altos.** (*é-yos son mui al-tos*) (Eles são muito altos.)
- **¿Ustedes son uruguayos?** *(us-te-des son uru-gua-yos)* (Vocês são uruguaios?)
- **Ella es maestra** *(é-ya es ma-es-tra)* (Ela é professora.)
- **Eres muy bella.** *(e-res mui be-ya)* (Você é muito bonita.)
- **Eres muy gentil** *(e-res mui Hen-til)* (Você é muito gentil.)

A tabela 4-2 mostra a conjugação do verbo **ser**:

Tabela 4-2	Ser
Conjugação	*Pronúncia*
yo soy	yo-soi
tú eres	tu e-res
él, ella, ello, uno, usted es	él, é-ya, é-yo, uno, us-te-des
nosotros somos	no-so-tros so-mos
vosotros sois	bo-so-tros sois
ellos, ellas, ustedes son	é-yos, é-yas, us-te-des son

Você também usa o verbo ser para relatar onde você mora:

- **Roberto: Jane, ¿de qué ciudad eres?** *(Jane, dé ké siu-da eres)* (De que cidade você é?)
- **Jane: Soy de New Berlin, en el estado de Nueva York** *(sot de New Berlin, en el es-ta-do de nue-ba iork)* (Sou de Nova Berlin no estado de Nova Iorque.)
- **Roberto: ¿Es esa una ciudad grande?** *(es e-sa u-na siu-da gran-de)* (Esta é uma cidade grande?)
- **Jane: Es un pueblo chico, pero muy bonito** *(es un pue-blo tchi-co pe-ro mui bo-ni-to)* (É uma cidade pequena, mas muito bonita.)
- **Roberto: Bueno, esta es también una ciudad chica** *(bue-no es-ta es tan-bien u-na ciu-da tchi-ka)* (Bem, esta também é uma cidade pequena.)

Guia de Conversação Espanhol Para Leigos, 2ª Edição Revisada

✔ **Jane: ¡Para nada!, es bastante grande!** *(Pa-ra na-da, es bas-tan-te gran-de).* (Que nada! É muito grande!)

Palavras a Saber

chico	tchi-co	pequena
grande	gran-de	grande
bastante	bas-tan-te	bastante

Ser, também é um verbo importante para se encontrar informação:

✔ **Esperanza: ¿Es bueno el hotel Paraíso?** *(es bue-no el Ho-tel pa-raí-so)* (O hotel Paraíso é bom?)

✔ **Esteban: Sí es un buen hotel.** *(sí, es un buen o-tel)* (Sim, é um bom hotel.)

✔ **Esperanza: ¿Es caro?** *(es ka-ro)* (É caro?)

✔ **Esteban: Es un poco caro.** *(es un po-ko ka-ro)* (É um pouco caro.)

✔ **Esperanza: ¿Es grande?** *(és gran-de)* (É grande?)

✔ **Esteban: No, no es muy grande.** *(no, no es mui gran-de)* (Não, não é muito grande.)

✔ **Esperanza: ¿Es un problema llamar allí?** *(es un pro-ble-ma ya-mar a-yi)* (É um problema chamar[ligar] ali?)

✔ **Esteban: No, no es ningún problema.** *(no no es nin-gún pro-ble-ma)* (Não, não é nenhum problema.)

Palavras a Saber

buen	buen	bem
bueno	bue-no	bom (masculino)
buena	bue-na	boa (feminino)

(continua)

Capítulo 4: Fazendo Novos Amigos e Conversando um Pouco 55

caro	ka-ro	caro, dispendioso
poco	po-ko	pouco, pequena quantidade
ningún	nin-gun	nenhum

Estar: O segundo ser

Quando você está falando sobre o estado das coisas que não são permanentes, como estar em algum lugar (você não estará lá para sempre), ou estar em um estado transitório (estar doente, por exemplo) – você usa o verbo **estar** *(es-tar)*. Assim, em espanhol, não é "To be or not to be", mas "Ser para sempre (**ser**) ou não para sempre (**estar**)". Confira na tabela 4-3 a conjugação.

Tabela 4-3	Estar
Conjugação	*Pronúncia*
yo estoy	yo es-toi
tú estás	tu es-tás
él, ella, ello, uno, usted está	él, é-ya, é-yo, u-no, us-te es-tá
nosotros estamos	no-so-tros es-ta-mos
vosotros estáis	bo-so-tros es-tais
ellos, ellas, unos, ustedes están	é-yos, é-yas, u-nos, us-te-des es-tán

Apresentamos aqui um diálogo para ajudá-lo a praticar essa nova maneira de ser, a qual não é para sempre:

- **Guillermo: ¿Cómo están ustedes?** *(kó-mo es-tán us-te-des)* (Como estão vocês?)

- **Sra. Valdés: Estamos muy bien, gracias.** *(es-ta-mos mui bien, gra-sias)* (Estamos muito bem, obrigada.)

- **Guillermo: ¿Están de paseo?** *(es-tán de pa-seo)* (Estão de passagem?)

- **Sra. Valdés: Estamos de vacaciones.** *(es-ta-mos de ba-ca-sio-nes)* (Estamos de férias.)

- **Guillermo: ¿Están contentos?** *(es-tán sa-tis-fe-tchos)* (Estão satisfeitos?)
- **Sra. Valdés: Estamos muy felices.** *(es-ta-mos mui fe-li-ses)* (Estamos muito felizes.)
- **Guillermo: ¿Cómo está su hija?** *(ko-mo es-tá su i-Ha)* (Como está sua filha?)
- **Sra. Valdés: Más o menos, no está muy feliz.** *(más o me-nos no es-tá mui fe-lis)* (Mais ou menos, não está muito feliz.)

Ou neste outro uso temporário do **estar**:

- **Renata: ¿Está libre este baño?** *(es-tá li-bre es-te ba-nho)* (Está livre este banheiro?)
- **Elena: No, está ocupado.** *(no, es-tá o-ku-pa-do)* (Não, está ocupado.)
- **Renata: ¿Está libre el outro baño?** *(es-tá li-bre el o-tro ba-nho)* (Está livre o outro banheiro?)
- **Elena: Sí, está libre.** *(si, es-tá li-bre)* (Sim, está livre.)

Palavras a Saber

el paseo	el pa-se-o	passeio
contento	kon-ten-to	satisfeitos, contentes
feliz	fe-lis	feliz
libre	li-bre	livre
ocupado	o-ku-pa-do	ocupado
este	es-te	este
otro	o-tro	outro

Hablar: Falar

Outro verbo que você precisa conhecer é **hablar** *(a-blar)* (falar, conversar). Você ficará feliz em saber que **hablar** é um verbo regular com terminação **–ar**.

Capítulo 4: Fazendo Novos Amigos e Conversando um Pouco **57**

Neste diálogo, duas pessoas conversam sobre falar:

- **Kathleen: ¿Maria habla mucho?** *(ma-ría a-bla mu-tcho)* (Maria fala muito?)
- **Lorenzo: Sí, lê encanta hablar.** *(sí, le en-can-ta a-blar)* (Sim, ela adora falar.)
- **Kathleen: Yo hablo mal el español** *(yo a-blo mal el es-pa-nhol)* (Eu falo mal o espanhol.)
- **Lorenzo: ¡Por el contrario, lo habla muy bien!** *(por el kon-tra-rio lo a-bla mui bien)* (Pelo contrário, você fala muito bem.)

Palavras a Saber

mucho	mu-tcho	muito
difícil	di-fi-sil	difícil
fácil	fa-sil	fácil
la lengua	la len-gua	a língua, linguagem
el idioma	el i-dio-ma	a língua, linguagem
gustar	gus-tar	gostar

Hablar é útil para descobrir quais idiomas você fala em comum:

- **Antonia: ¿Habla usted español?** *(a-bla us-te es-pa-nhol)* (Você fala espanhol?)
- **Reynaldo: Sí. ¿Qué idiomas habla usted?** *(sí, quê i-dio-mas a-bla us-te)* (Sim. Que idiomas você fala?)
- **Antonia: Yo hablo inglés y francés.** *(yo ablo in-glés i fran-ses)* (Eu falo inglês e francês.)
- **Reynaldo: Es muy difícil hablar inglés?** *(és mui di-fi-sil a-blar in-glés)* (É muito difícil falar inglês?)
- **Antonia: No, ¡es muy fácil.** *(no, és mui fá-sil)* (Não, é muito fácil.)
- **Reynaldo: ¿Y es difícil hablar francés?** *(i és di-fi-sil a-blar fran-cés)* (E é difícil falar francês?)

- **Antonia: No, no es en absoluto difícil.** *(no, no es en ab-so-lu-to di-fí-sil)* (Não, absolutamente não é difícil.)
- **Reynaldo: A mí me gusta mucho hablar español.** *(a mi me gus-ta mu-tcho ablar es-pa-nhol)* (Eu gosto muito de falar espanhol.)
- **Antonia: A mí también.** *(a mi tam-bién)* (Eu também.)

Palavras a Saber

Ser de aqui	ser de a-ki	viver aqui, pertencer a este lugar
¿Cómo le va?	ko-mo le va	Como vai?
¿Cómo van las cosas?	ko-mo ban las co-sas	Como vão as coisas?
¿Cómo está usted?	ko-mo es-tá us-te	Como vai? (formal)
¿Cómo estás?	ko-mo es-tás	Como estás? (informal)
¿Qué tal?	ke tal	Como estão as coisas?
Más o menos.	más o me-nos	Mais ou menos.
¿Quiubo?	kiu-bo	Como estão as coisas?
¿Qué pasó?	ke pa-so	Que aconteceu?

Trabajar: Trabalhar

Trabalho e profissão muitas vezes são temas úteis para uma pequena conversa na qual você usará o verbo **trabajar** *(tra-ba-Har)* (trabalhar), um verbo regular.

Veja o exemplo de duas pessoas conversando sobre seu trabalho.

- **Jane: ¿Dónde trabaja usted?** *(don-de tra-ba-Ha us-te)* (Onde você trabalha?)
- **Pedro: Trabajo en México; soy ingeniero.** *(tra-ba-Ho en me-Hi-ko, soi in-He-nie-ro)* (Trabalho no México; sou engenheiro.)

Capítulo 4: Fazendo Novos Amigos e Conversando um Pouco   **59**

- **Jane: ¿Para qué compañía trabaja?** *(pa-ra kê kom-pa-nhia tra-ba-Ha)* (Para qual companhia você trabalha?)
- **Pedro: Soy empresario independiente.** *(soi em-pre-sa-rio in-de-pen-dien-te)* (Sou empresário autônomo.)
- **Jane: ¿Cuántos empleados tiene?** *(kan-tos em-ple-a-dos tie-ne)* (Quantos empregados têm?)
- **Pedro: Tengo nueve empleados. ¿Y usted qué hace?** *(ten-go nue-be em-ple-a-dos i us-te que ha-se)* (Tenho nove empregados. E você, o que faz?)
- **Jane: Soy dentista.** *(soi den-tis-ta)* (Sou dentista.)
- **Pedro: ¿Y dónde tiene su consultorio?** *(i dón-de tie-ne su kon-sul-tó-rio)* (E onde é seu consultório?)
- **Jane: En Puebla.** *(en Pu-e-bla)* (Em Puebla.)

Entender: Entender

Outro verbo muito usado nas conversas sobre profissões é o verbo irregular **entender** *(en-ten-der)* (entender). A tabela 4-4 conjuga o verbo no presente.

Tabela 4-4	Entender
Conjugação	*Pronúncia*
yo entiendo	yo en-tien-do
tú entiendes	tu en-tien-des
él, ella, ello, uno usted entiende	él, é-ya, é-yo, u-no, us-te en-tien-de
nosotros entendemos	no-so-tros en-ten-de-mos
vosotros entendéis	bo-so-tros en-ten-deis
ellos, ellas, ustedes entienden	é-yos, é-yas, us-te-des en-tien-den

Aqui estão alguns exemplos usando o verbo irregular **entender** que podem ser úteis a você:

60 Guia de Conversação Espanhol Para Leigos, 2ª Edição Revisada

- **Yo entiendo de enfermería.** *(yo en-tien-do de en-fer-me-ría)* (Eu entendo de enfermagem.)
- **Francisca entiende de cocina.** *(fran-sis-ka en-tien-de de ko-ki-na)* (Francisca entende de cozinha.)
- **Nosotros entendemos el problema.** *(no-so-tros en-ten-de-mos el pro-ble-ma)* (Nós entendemos o problema.)
- **Pedro no entiende.** *(pe-dro no en-tien-de)* (Pedro não entende.)
- **Ellos entiendem lo que decimos** *(é-yos en-tien-den lo que de-si-mos)* (Eles entendem o que dizemos.)

Vivir: Viver

"Onde você vive?" bem como "onde você trabalha?" é uma pergunta freqüente em pequenas conversas. Deste modo, você precisa do verbo **vivir** *(bi-bir)*, o qual é um verbo regular e significa viver.

Caso você seja apresentado a uma família, eles provavelmente querem saber onde vive, e podem convidá-lo a voltar:

- **Membro da família: ¿Dónde vives?** *(don-de bi-bes)* (Onde você mora?)
- **Você: Busco un departamento pequeño.** *(bus-ko un de-par-ta-men-to pe-ke-nho)* (Procuro um apartamento pequeno.)
- **Membro da família: A la vuelta, arriendan un departamentito.** *(a la buel-ta a-rrien-dan un de-par-ta-men-ti-to)* (Virando a esquina estão alugando um pequeno apartamento.)
- **Você: Bueno, voy a verlo.** *(bue-no, boi a ber-lo)* (Bom, vou vê-lo.)
- **Membro da família: Te va a gustar.** *(te ba a gus-tar)* (Você vai gostar.)
- **Você: Bueno, no quiero molestar más, tengo que irme.** *(bue-no no kie-ro mo-les-tar más ten-go ke ir-me)* (Não quero atrapalhar mais, tenho que ir.)

Capítulo 4: Fazendo Novos Amigos e Conversando um Pouco 61

- **Membro da família: Aquí tienes tu casa.** *(a-ki tie-nes tu ka-sa)* (Aqui é sua casa.).
- **Você: Muchas gracias.** *(mu-tchas gra-sias)* (Muito obrigado.)
- **Membro da família: Te invito a que vengas mañana a tomar el tecito con nosotros.** *(te in-bi-to a ke ben-gas ma-nha-na a to-mar el te-si-to kon no-so-tros)* (Convido você para que venha amanhã tomar um [pequeno] chá conosco.)
- **Você: Lo haré con mucho gusto.** *(lo ha-re con mu-tcho gus-to)* (Eu virei com muito prazer.)

Pedindo desculpas

Algumas vezes você pode não entender o que alguém está falando. Você também pode dar um esbarrão em alguém e querer se desculpar. Estas frases de educação e cortesia vão lhe ser úteis:

- **No entiendo.** *(no en-tien-do)* (Não entendo.)
- **Lo lamento.** *(lo la-men-to)* (Lamento; Desculpe.)
- **¡Perdone !** *(per-do-ne)* (Desculpe; Perdão)
  Diga quando esbarrar, colidir com alguém.

As Principais Perguntas

Você deve ter ouvido falar sobre "Os Cinco Qs", os quais representam as perguntas que você precisa fazer para cobrir as informações básicas sobre a situação (quem, o que, em que lugar, quando e por que). Acrescentamos mais três questões a esse grupo que podem ser úteis quando você encontra alguém. Aqui estão as perguntas chave:

- **¿Quién?** *(kien)* (Quem?)
- **¿Qué?** *(kê)* (O quê?)
- **¿Dónde?** *(dón-de)* (Em que lugar?)
- **¿Cuándo?** *(kan-do)* (Quando?)
- **¿Por qué?** *(por kê)* (Por que?)

62 Guia de Conversação Espanhol Para Leigos, 2ª Edição Revisada

- **¿Cómo?** *(kó-mo)* (Como?)
- **¿Cuánto?** *(kuan-to)* (Quanto?)
- **¿Cuál?** *(kual)* (Qual?)

Seguem alguns exemplos de como usar estas palavras:

- **¿ Quién es él?** *(kién es él)* (Quem é ele?)
- **¿ Qué hace usted?** *(kê ha-se us-te)* (O que faz você?)
- **¿ Dónde viven?** *(dón-de bi-ben)* (Em que lugar vivem?)
- **¿ Cuándo llegaron?** *(kuan-do ye-ga-ron)* (Quando chegaram?)
- **¿ Por qué está aquí?** *(por ke es-ta a-ki)* (Por que ele[ela] está aqui?)
- **¿ Cómo es el camino?** *(kó-mo es el ka-mi-no)* (Como é o caminho?)
- **¿ Cuánto cuesta el cuarto?** *(kuan-to kue-sta el kuar-to)* (Quanto custa o quarto?)
- **¿ Cuál hotel es mejor?** *(kual o-tel es me-Hor)* (Qual hotel é melhor?)

Observe que estas palavras têm acentuação sobre algumas vogais. Você pode ver essas mesmas palavras em outras frases, sem os acentos. Os acentos ajudam a distinguir de que modo a palavra está sendo usada. Por exemplo: você pode usar a palavra **quién** *(quién)* que significa quem de duas formas:

- Na sentença para referir-se a alguém que fez isto ou aquilo. **Quien** não tem acento quando você usa dessa maneira.
- Em uma pergunta – Quem fez isso? – ou em uma exclamação – Quem poderia ter dito isso? Para chamar sua atenção para o fato de que você está usando como uma pergunta ou uma exclamação, é utilizado o acento, como em **¡quién!** ou **¿quién?**

O acento não altera a sonoridade da palavra: você o utiliza apenas na forma escrita da linguagem. Durante a fala, sua inflexão ou tom de voz revela ao ouvinte o modo em que o termo está sendo utilizado.

Capítulo 4: Fazendo Novos Amigos e Conversando um Pouco **63**

Imagine que você conheça alguém em um avião e quer saber de onde ele é. Aqui mostramos como a conversa pode desenrolar:

- **Carlos: ¡Qué vuelo tan agradable!** *(ke bue-lo tan a-gra-da-ble)* (Que voo agradável!)

- **Juan: Sí, es un viaje tranquilo.** *(sí es un bia-He tran-ki-lo)* (Sim, foi uma viagem tranquila.)

- **Carlos: ¿Viaja a menudo en avión?** *(bia-Ha a me-nu-do en a-bión)* (Viaja sempre de avião?)

- **Juan: No, éste es me primer vuelo.** *(no, es-te es mi pri-mer bue-lo)* (Não, este é meu primeiro voo.)

- **Carlos: ¿De dónde es usted?** *(de don-de es us-te)* (De onde você é?)

- **Juan: Soy de Buenos Aires. ¿Y usted?** *(soi de bue-nos ai-res i us-te)* (Sou de Buenos Aires. E você?)

- **Carlos: Yo soy de Nueva York.** *(yo soi de nue-ba iork)* (Eu sou de Nova Iorque) .... **¿Cómo es Buenos Aires?** *(kó-mo es bue-nos ai-res)* (Como é Buenos Aires?)

- **Juan: Es una ciudad grande y maravillosa.** *(es u-na siu-dad gran-de i ma-ra-bi-yo-sa)* (É uma cidade grande e maravilhosa.)

Um Dia de Chuva: Falando Sobre o Tempo

Condições meteorológicas são uma preocupação constante em países de clima temperado onde as condições variam muito, mas em países com clima mais quente isso geralmente não é um problema. Algumas cidades no sul do México, por exemplo, nem sequer fazem previsões meteorológicas. Mas naquelas horas nas quais você quer falar sobre o tempo, estas frases podem auxiliá-lo:

- **Rosa: ¿Cómo es el clima de Buenos Aires?** *(kó-mo es el kli-ma de bue-nos ai-res)* (Como é o clima de Buenos Aires?)

- **Mario: Es muy agradable y templado.** *(es mui a-gra-da-ble i tem-pla-do)* (É muito agradável e temperado.)

- **Rosa: ¿Llueve mucho?** *(yue-be mu-tcho)* (Chove muito?)

- **Mario: Sí, llueve todo el año, pero no mucho.** *(sí, yue-be*

<u>to</u>-do el <u>a</u>-nho, <u>pe</u>-ro no <u>mu</u>-tcho) (Sim, chove durante todo o ano, mas não muito.)

- **Rosa: ¿Y tambíen hay sol?** *(i tam-bi<u>én</u> ai sol)* (E também faz sol?)
- **Maria: Sí, hay sol casi todos los días.** *(sí ai sol <u>ka</u>-si <u>to</u>-dos los <u>dí</u>-as)* (Sim, faz sol qua-se todos os dias.)
- **Rosa: ¿No nieva nunca?** *(no ni<u>e</u>-ba <u>nun</u>-ka)* (Não neva nunca?)
- **Maria: No, en Buenos Aires nunca nieva.** *(no, en bu<u>e</u>-nos ai-res <u>nun</u>-ka ni<u>e</u>-ba)* (Não, em Buenos Aires nunca neva.)

Como É Sua Família?

Na América Latina, a família é a unidade básica da sociedade. Pessoas trabalham e vivem e desempenham seus papéis em harmonia com suas famílias. Quando visitar seus vizinhos de língua espanhola entretanto, você pode ficar mais confortável se prestar atenção ao modo como os latinos enfatizam a importância da família e das relações familiares.

A tabela 4-5 fornece algumas denominações básicas de membros da família:

Tabela 4-5	Membros da família	
Espanhol	*Pronúncia*	*Tradução*
padre	<u>pa</u>-dre	pai
madre	<u>ma</u>-dre	mãe
hijo	<u>i</u>-Ho	filho
hija	<u>i</u>-Ha	filha
hermano	er-<u>ma</u>-no	irmão
hermana	er-<u>ma</u>-na	irmã
yerno	i<u>er</u>-no	genro
nuera	nu<u>e</u>-ra	nora

nieto	nie-to	neto
nieta	nie-ta	neta
cuñado	ku-nha-do	cunhado
cuñada	ku-nha-da	cunhada
primo	pri-mo	primo
prima	pri-ma	prima
padrino	pa-dri-no	padrinho
madrina	ma-dri-na	madrinha
tío	tio	tio
tía	tia	tia
abuelo	a-bue-lo	avô
abuela	a-bue-la	avó

Capítulo 5

Apreciando uma Bebida, um Petisco ou uma Refeição

Neste capítulo
- Obtendo um bom vocabulário para as refeições
- Fazendo perguntas simples no restaurante
- Pagando a conta

Sentando à Mesa e Refeição Básica

Você pode achar estas frases úteis quando planeja uma refeição:

- **¡A poner la mesa!** *(a po nor la me-sa)* (Colocar a mesa!)
- **Aquí están los platos y los vasos.** *(a-ki es-tan los pla-tos i los ba-sos)* (Aqui estão os pratos e copos.)
- **¿Qué cubiertos?** *(ke ku-bi-er-tos)* (Que talheres?)
- **Cuchara, cuchillo, tenedor, y cucharita.** *(ku-tcha-ra ku-tchi-yo te-ne-dor i ku-tcha-ri ta)* (Colher, faca, garfo e colher de sobremesa.)
- **Aquí están las servilletas.** *(a-kí es-tán las ser-bi-ye-tas)* (Aqui estão os guardanapos.)
- **Más sal en el salero.** *(más sal en el sa-le-ro)* (Mais sal no saleiro.)

Aqui mais alguns termos relacionados às refeições:

- **almuerzo** *(al-muer-so)* (almoço)
- **cena** *(se-na)* (ceia)
- **comida** *(ko-mi-da)* (jantar/alimento)
- **desayuno** *(des-sa-yu-no)* (desjejum; café da manhã.)
- **tengo sed** *(ten-go sed)* (Estou com sede.)
- **tiene hambre** *(tie-ne am-bre)* (Estou faminto)

Você pode escutar estas frases, ou simplesmente repeti-las quando oferece ou recebe alimentos e bebidas.

- **¡Buen provecho!** *(buen pro-be-tcho)* (Bom proveito! Bom apetite!)
- **¿Con qué está servido?** *(kon ke es-tá ser-bi- do)* (Com que é servido? O que acompanha?)
- **Está caliente.** *(es-tá ka-lien-te)* (Está quente.)
- **Está frío.** *(es-tá frio)* (Está frio.)
- **Está picante.** *(es-tá pi-kan-te)* (Está apimentado.)
- **Es sabroso.** *(es sa-bro-so)* (É apetitoso.)
- **Lamento, no tenemos.** *(la-men-to no te-ne-mos)* (Desculpe, não dispomos.)
- **¿Qué ingredientes tiene?** *(ke in-gre-dien-tes tie-ne)* (Quais são os ingredientes?)
- **¿Qué más trae el plato?** *(ke más tra-e el pla-to)* (O que mais acompanha o prato?)

Três Verbos Usados à Mesa

Quando se conversa sobre beber em espanhol se utiliza alguns verbos. Um deles é o verbo **tomar** *(to-mar)*; outro é o verbo **beber** *(be-ber)*. **Comer** *(co-mer)* é utilizado para comidas.

Capítulo 5: Apreciando uma Bebida, um Petisco ou... **69**

Para tomar e beber: O verbo tomar

Tomar *(to-mar)* significa literalmente "pegar" e muitas vezes significa realmente isso. Mas quando você diz **tomar un refresco** *(to-mar un re-fres-ko)*, você está falando sobre beber um refresco, não literalmente pegar um. Você sabe o sentido que quer dizer, porque logo após **tomar** fala de coisa que você bebe. Assim, **tomar** é um verbo com certa imprecisão.

Tomar é um verbo regular com terminação **-ar** *(ar)*. A raiz do verbo é **tom-** *(tom)* como você vê a seguir na tabela 5-1:

Tabela 5-1	Tomar
Conjugação	*Pronúncia*
yo tomo	yo to-mo
tú tomas	tu to-mas
él, ella, ello, uno, usted toma	él, é-ya, é-yo, u-no, us-te to-ma
nosotros tomamos	no-so-tros to-ma-mos
vosotros tomáis	bo-so-tros to-mais
ellos, ellas, ustedes toman	é-yos, é-yas, us-te-des to-man

Apenas para beber: O verbo beber

No caso do verbo **beber**, você não pode ter dúvidas. Esse verbo aplica-se somente para beber.

Beber *(be-ber)* também é um verbo regular com terminação **–er** *(er)*. A raiz verbal é **beb-** *(beb)* como pode ver na tabela 5-2

Tabela 5-2	Beber
Conjugação	*Pronúncia*
yo bebo	yo be-bo
tú bebes	tu be-bes
él, ella, ello, uno, usted bebe	él, é-ya, é-yo, u-no us-te be-be

nosotros bebemos	no-so-tros be-be-mos
vosotros bebéis	bo-so-tros be-beis
ellos, ellas, ustedes beben	é-yos, é-yas, us-te-des be-ben

Para comer: O verbo comer

Comer *(co-mer)* tem o mesmo significado do português: comer. Um verbo regular do grupo com terminação **–er** *(er)* e com raiz verbal **com-** conforme mostra a tabela 5-3.

Tabela 5-3	Comer
Conjugação	*Pronúncia*
yo como	io ko-mo
tú comes	tu ko-mes
él, ella, ello, uno usted come	él, é-ya, é-yo, u-no, us-te ko-me
nosotros comemos	no-so-tros ko-me-mos
vosotros coméis	bo-so-tros ko-méis
ellos, ellas, ustedes comen	é-yos, é-yas, us-te-des ko-men

No Restaurante

Sair para ir ao restaurante e conhecer a equipe de funcionários a espera do menu sempre é divertido, mas pode igualmente ser um bocado desafiador.

O verbo **querer** *(ke-rer)* (querer, desejar) é muito útil no restaurante. É um verbo irregular em que a raiz **quer-** *(ker)* é transformada em **quier-** *(kier)* com alguns pronomes. Veja na tabela 5-4.

Capítulo 5: Apreciando uma Bebida, um Petisco ou...

Tabela 5-4	Querer
Conjugação	*Pronúncia*
querer	ke-rer
yo quiero	yo kie-ro
tú quieres	tú kie-res
él, ella, ello, uno usted quiere	él, é-ya, é-yo, u-no, us-ted kie-re
nosotros queremos	no-so-tros ke-re-mos
vosotros queries	bo-so-tros ke-reis
ellos, ellas, ustedes quieren	é-yos, é-yas, us-te-des quie-ren

Se você quiser ir a um bom restaurante, fazer uma reserva sempre é prudente. Aqui, algumas frases que podem ajudá-lo:

- **Quiero reservar una mesa para dos personas.** *(kie-ro re-ser-bar u-na me-sa pa-ra dos per-so-nas)* (Quero reservar uma mesa para duas pessoas.)

- **¿Para qué hora será?** *(pa-ra ke o-ra será)* (Para que horário?)

- **¿A nombre de quién?** *(a nom-bre de kién)* (Em nome de quem?)

- **Les esperamos** *(les es-pe-ra-mos)* (Nós esperamos por vocês.)

Depois que você estiver no restaurante, muitas pessoas gostam de pedir um aperitivo ou coquetel antes do jantar. Estas frases podem auxiliá-lo quando você for pedir alguma coisa para beber:

- **¿Quieren algo para beber?** *(kie-ren al-go pa-ra be-ber)* (Querem algo para beber?)

- **¿Se sirven un agua de frutas?** *(se sir-ben un á-gua de fru-tas)* (Vocês querem um suco de frutas?)

- **Yo quiero un vaso de vino tinto.** *(yo kie-ro un ba-so de bi-no tin-to)* (Eu quero um copo de vinho tinto.)

72 Guia de Conversação Espanhol Para Leigos, 2ª Edição Revisada

- **Escoger un vino.** *(es-ko-Her un bi-no)* (Escolher um vinho.)
- **Un refresco.** *(un re-fres-ko)* (Um refresco.)
- **Tomar un trago.** *(to-mar un tra-go)* (Beber uma bebida [alcoólica].)
- **Un vaso de agua.** *(un ba-so de á-gua)* (Um copo de água.)
- **Un vaso de leche.** *(un ba-so de le-tche)* (Um copo de leite.)
- **Una cerveza.** *(u-na ser-be-sa)* (Uma cerveja.)

E depois, é claro, você sempre precisa saber como brindar:

¡Salud! *(sa-lú)* (Saúde!)

Agora, vamos para a grande refeição! Você pode usar as frases que se seguem para fazer seu pedido ou entender o que o garçom pergunta a você.

- **¿Están listos para ordenar?** *(es-tan lis-tos pa-ra or-de-nar)* (Estão prontos para fazer seu pedido?)
- **Yo quiero una ensalada mixta.** *(yo kie-ro u-na en-sa-la-da mics-ta)* (Eu quero uma salada mista.)
- **¿Y de plato fuerte?** *(i de pla-to fuer-te)* (E de prato principal?)
- **¿Qué nos recomienda?** *(ke nos re-ko-mien- da)* (O que nos recomenda?)
- **Tenemos dos platos especiales.** *(te-ne-mos dos pla-tos es-pe-sia-les)* (Temos dois pratos especiais.)
- **¿Con qué está acompañado?** *(kon kê es-tá a-kon-pa-nha-do)* (O que acompanha?)

Provavelmente, você irá querer lavar suas mãos, retocar sua maquiagem ou fazer qualquer outra coisa que necessite o uso de banheiro público. As frases a seguir irão ajudá-lo a encontrar o que precisa.

- **¿Dónde están los baños?** *(dón-de es-tán los ba-nhos)* (Onde são os banheiros?)
- **Los baños están al fondo, a la derecha.** *(los ba-nhos es-tan al fon-do, a la de-re-tcha)* (Os banheiros estão ao fundo à direita.)

Capítulo 5: Apreciando uma Bebida, um Petisco ou... 73

- **¿Es este el baño?** *(es es-te el ba-nho)* (Este é o banheiro?)
- **No, este no es el baño..Es ese.** *(no es-te no es el ba-nho es e-se)* (Não, este não é o banheiro. É esse.)

O que Tem no Menu?

Um menu em língua estrangeira pode ser intimidante. Esta lista relaciona algumas das comidas e bebidas mais populares em espanhol.

- **Aguardiente** *(a-guar-dien-te)*, é um aperitivo feito de uvas. Outras bebidas alcoólicas incluem a **tequila** *(te-ki-la)* e **mezcal** *(mes-kal)* ambos feitos com uma espécie de cactus, ou **pisco** *(pis-ko)* uma bebida também feita de uvas.

- **Agua** *(á-gua)* no México pode significar água, mas também uma bebida feita com água, frutas e açúcar. Todas as frutas e mesmo alguns vegetais podem aromatizar as águas.

- **Aguita** *(a-gui-ta)* (água pequena) pode ser um chá de ervas servido após a refeição no Chile.

- **Empanada** *(en-pa-na-da)* na verdade significa "no pão". No México, a empanada é uma pequena torta de milho, dobrada e recheada. Você também pode ter **empanadas** feitas de massa de trigo que são depois recheadas e dobradas na Argentina e no Chile. Argentinos preferem **empanadas** pequenas e chilenos, grandes. De qualquer modo elas são deliciosas.

- Na Espanha, uma **tortilla** *(tor-ti-ya)* é batata, cebola e omelete de ovo geralmente servida à temperatura ambiente.

- No México, **elote** *(e-lo-te)* é o nome do milho macio e suculento, do tipo que você come no sabugo. O mesmo tipo de milho na Argentina, Chile, Peru e Bolívia é denominado **choclo** *(tcho-klo)*.

- Feijão verde no México é chamado **ejotes** *(e Hotes)* Na América do Sul, você o encontra com diferentes nomes como **porotos verdes** *(po-ro-tos ber-des)*, **porotitos** *(po-ro-ti-tos)*. Quando o feijão é seco, é chamado **porotos** *(po-ro-tos)* na maioria dos países de língua espanhola na América, exceto no México, onde são denominados **frijoles**. *(fri-Ho-les)* Em nenhuma parte mais você pode ver uma variedade tão grande de feijão como no mercado peruano. Eles são de tantas cores, formas e tamanhos que enchem sua boca de água. Você vai querer experimentar todos.

- No Chile **filete** *(fi-le-te)* é o corte de carne conhecido como o lombo do boi no Brasil. Na Argentina o mesmo corte é denominado **lomo** *(lo-mo)*.

- A base da refeição argentina é o **bife, con papas y ensalada** *(bi-fe con pa-pas i en-sa-la-da)*, ou seja: bife grelhado com batatas e salada. Nas churrascarias argentinas é provável que você encontre várias carnes que já lhe são familiares junto com outras que provavelmente você nunca comeu. Entre os bifes de carnes mais exóticas pode encontrar o **chinchulín** *(tchin-tchu-lín)* o qual é um trançado de carnes e entranhas grelhadas. **¡Delicioso!** Outra delícia é a **molleja** *(mo-ie-Ha)*, a glândula tireoide da vaca.

- No México, **molleja** *(mo-ye-Ha)* é moela de galinha. E no Chile, a mesma moela é **contre** *(kon-tre)*.

- O fígado que se come no Chile é chamado **pana** *(pa-na)*; na maioria dos outros países da América Latina fígado é **hígado** *(í-ga-do)*

- Na Espanha, **jamón serrano** *(Ha-món se-rra-no)* é um presunto curado no sal, típico das regiões montanhosas, uma grande guloseima.

Alguns peixes e frutos do mar favoritos incluem:

- **Loco** *(lo-ko)* uma vieira verdadeiramente gigante e congrio *(kon-grio)* ou enguia do mar, um tipo de peixe.

- **Albacora** *(al-ba-ko-ra)* (peixe-espada), **cangrejo** *(kan-gre-Ho)* (caranguejo gigante), **jalba** *(Hal-ba)* (pequeno caranguejo), **langosta** *(lan-gos-ta)* (lagosta), **langostino** *(lan-gos-ti-no)* (camarão grande), **camarón** *(ka-ma-rón)* (camarão) e outras delicias para preparar sua **sopa marinera** *(so-pa ma-ri-ne-ra)* (sopa de peixes).

- **Ceviche** *(se-bi-tche)* preparado com peixe cru ou frutos do mar onde entram muitas variedades.

Capítulo 5: Apreciando uma Bebida, um Petisco ou...

Você também pode querer pedir alguma destas especialidades:

- Conhecida como **aguacate** *(a-gua-ka-te)*, no México, e **palta** *(pal-ta)* na Argentina, no Uruguai e no Chile é o mesmo que abacate.

- No sul do México, quando você diz **pan** *(pán)* pretendendo dizer "pão", as pessoas geralmente pensam em alguma coisa de sabor doce feita por um padeiro. Na América do Sul, **pan** está mais próximo do que se come no Brasil.

- **Torta** *(tor-ta)* no México é um sanduíche em forma de **rolo** (sanduíche são fatias de pão de forma). Mas na maior parte da América Latina, torta é **torta** *(tor-ta)* e **sandwich** significa sanduíche (não importando como é servido).

- **Memelas** *(me-me-las)* no México são tortilhas, fechadas dos lados para formar um centro oco o qual é recheado com várias delícias.

- **Gazpacho** *(gas-pa-tcho)*, sopa vegetal gelada da Espanha, aromatizada com azeite de oliva, alho e vinagre.

- Na Espanha, **paella** *(pa-e-ya)* é o prato preferido, feito com frutos do mar, açafrão e arroz.

Muitas pessoas dizem que os molhos feitos na América Latina tornam as comidas verdadeiramente especiais. Essa afirmação é especialmente verdadeira para os molhos servidos no México, os quais apresentam uma infinidade de sabores e texturas.

- **Mole** *(mo-le)* é a palavra usada no México que significa "molho". Esses moles mexicanos são servidos quentes com carnes e frango:

- **Mole negro** *(mo-le ne-gro)* (molho preto) parece preto naturalmente! E é feito com ingredientes torrados: cacau, pimenta, amêndoas, cebolas, alho e pão. Pode ser muito ou pouco picante.

- **Mole colorado** *(mo-le ko-lo-ra-do)* (molho vermelho) tem aparência vermelha e é feito com pimenta. É muito picante. Também é chamado **coloradito** *(ko-lo-ra-di-to)*.

- **Mole amarillo** *(mo-le a-ma-ri-yo)* (molho amarelo) é amarelo alaranjado, é feito com amêndoas e passas entre outros ingredientes. Geralmente é ligeiramente picante.

- **Mole verde** *(mo-le ber-de)* (molho verde) é elaborado com tomates verdes, pimenta verde (pimenta forte) e coentro, e tem aparência verde. Pode ser muito ou ligeiramente picante.

Mexicanos não comem **moles** todos os dias. Eles servem estas delícias apenas em ocasiões especiais.

Mexicanos também podem trazer mais alguns molhos para a mesa a fim de adicionar mais pimenta à comida.

- **Pico de gallo** *(pi-ko de ga-yo)* que pode ser traduzido como "bico de galo" e é feita totalmente com vegetais. Tem as cores vermelha, verde e branca porque é feito com tomates, pimenta Jalapeño, coentro e cebolas. Picante!
- **Guacamole** *(gua-ka-mo-le)* termo que não oferece tradução. É o molho espesso preparado com abacate, **chili** *(tchi-li)* (pimenta ardida), coentro, limão e sal. Na maioria das vezes é muito picante.
- **Salsa verde** *(sal-sa ber-de)* molho verde feito com tomates verdes, chili e coentro. Picante!
- **Salsa voja** *(sal-sa ro-Ha)* molho vermelho que tem por base tomates vermelhos e chili. Picante!

A Conta por Favor

Quando você acaba de comer e está disposto a sair para dançar à noite, está pronto para pagar a conta. Aqui estão algumas frases que você precisa conhecer:

- **Camarero, ¿nos trae la cuenta por favor?** *(ka-ma-re-ro nos tra-e la kuen-ta por fa-bor)* (Garçom, traga a conta por favor?)
- **¿Aceptan tarjetas de crédito?** *(a-sep-tan tar-He-tas de kre-di-to)* (Aceitam cartões de crédito?)
- **¿Dejamos propina?** *(de-Ha-mos pro-pi-na)* (Deixamos uma gorjeta?)

Capítulo 6

Comprando até Cair

Neste capítulo
- Encontrando as lojas e as roupas certas
- Visitando o supermercado
- Trocando suas compras
- Conhecendo o bom e o melhor

Mesmo o cliente mais experiente pode desfrutar de novas maneiras de fazer compras e de conhecer novas lojas. Se fazer compras é divertido ou trabalhoso para você, vamos explicar como ir a ela em estilo Latino.

Dirigindo-se para a Cidade

Não importa o tipo de compras que você pretende fazer, sempre é necessário saber se a loja está aberta. Aqui mostramos como pedir esta informação:

- ¿A qué hora abren? *(a ke o-ra a-bren)* (A que horas abrem?)
- ¿A qué hora cierran? *(a ke o-ra sie-rran)* (A que horas fecham?)

Entrando na loja

Você não quer comprar roupas, mas está apenas consultando. Aqui está o que o balconista pode perguntar e o que você pode responder:

- ¿Busca algo en especial? *(bus-ka al-go en es-pe-sial)* (Procura por algo em especial?)
- Quiero mirar no más. *(kie-ro mi-rar no más)* (Quero olhar apenas.)
- Me llama cuando necesita. *(me ya-ma kan-do me ne-se-si-ta)* (Me chame se precisar de ajuda.)
- Sí, le voy a llamar, gracias. *(sí, le boi a ya-mar, gra-sias)* (Sim, eu chamarei, obrigado.)

Circulando pela loja

Agora você está preparado para pedir ajuda:

- ¿Dónde están los vestidos de señora? *(dón-de es-tán los bes-ti-dos de se-nho-ra)* (Onde estão os vestidos de senhora?
- ¿Dónde está la ropa de hombre? *(don-de es-tá la ro-pa de on-bre)* (Onde está a roupa masculina?)
- ¿Dónde encuentro artículos de tocador? *(dón-de en-kuen-tro ar-tí-ku-los de to-ka-dor)* (Onde encontro artigos de higiene pessoal?)
- Busco la sección de ropa blanca. *(bus-ko la se-síon de ro-pa blan-ka)* (Procuro a seção de roupa branca.)
- ¿Venden electrodomésticos? *(ben-den e-lek-tro do-mes-ti-kos)* (Vendem eletrodomésticos?)

O vendedor pode lhe dar as seguintes respostas:

- En el cuarto piso. *(en el kar-to pi-so)* (No quarto andar.)
- Al fondo, a la izquierda. *(al fon-do a la is-kier-da)* (Ao fundo e à esquerda.)

Capítulo 6: Comprando até Cair 79

- **Un piso más arriba.** *(un pi-so más a-rri-ba)* (Um andar acima.)
- **En el último piso.** *(en el ul-ti-mo pi-so)* (No último andar.)

Aqui estão mais algumas frases que podem ajudar você:

- **¿Dónde está la entrada?** *(don-de es-tá la en-tra-da)* (Onde é a entrada?)
- **¿Dónde está la salida?** *(don-de es-tá la sa-li-da)* (Onde é a saída?)
- **empuje** *(en-pu-He)* (empurre)
- **tire** *(ti-re)* (puxe)
- **jale** *(Ha-le)* ([México]puxe)
- **el ascensor** *(el a-sen-sor)* (o elevador)
- **la escalera mecánica** *(la es-ka-le-ra me-ká-ni-ka)* (a escada rolante)
- **el vendedor** *(el ben-de-dor)* ou **la vendedora** *(la ben-de-do-ra)* (vendedor ou vendedora).
- **la caja** *(la ka-Ha)* (caixa)

Solicitando a cor e o tamanho

Quando você estiver seguro para ser mais específico, pergunte pela cor e pelo tamanho que você deseja:

- **¿Me ayuda por favor?** *(me a-yu-da por fa-bor)* (Você pode me ajudar?)
- **Busco una falda, com bolsillos.** *(bus-ko u-na fal-da kon bol-si-yos)* (Procuro por uma saia com bolsos.)
- **¿Qué talla tiene?** *(ke ta-ya tie-ne)* (Qual é o seu tamanho?)
- **Talla doce americana.** *(ta-ya do-se a-me-ri-ka-na)* (Tamanho 12, americano)
- **¿Me permite medirla, para estar seguras?** *(me per-mi-te me-dir-la pa-ra es-tar se-gu-ras)* (Me permite medir para ter certeza?)

- **Ah, su talla es treinta y ocho.** *(a, su ta-ya es trein-ta i o-tcho)* (Ah, seu tamanho é 38.)
- **¿Qué color busca?** *(ke ko-lor bus-ka)* (Que cor procura?)
- **Rojo** *(ro-Ho)* (Vermelho)
- **¿La quiere com flores?** *(la kie-re kon flo-res)* (Quer com estampa de flores?)
- **No, lisa, por favor.** *(no, li-sa por fa-bor)* (Não, lisa, por favor.)

Palavras a Saber

ayudar	a-iu-dar	ajudar
más	más	mais
menos	me-nos	menos
la falda	la fal-da	a saia
el bolsillo	el bol-si-yo	o bolso
medir	me-dir	medir
la talla	la ta-ya	o tamanho
liso	li-so	liso

A tabela 6-1 fornece todas as cores para você escolher.

Tabela 6-1		Escolhendo sua cor
Cor	*Pronúncia*	*Tradução*
blanco	blan-ko	branco
negro	ne-gro	preto
gris	gris	cinza
rojo	ro-Ho	vermelho
azul	a-sul	azul

verde	<u>ber</u>-de	verde
morado	mo-<u>ra</u>-do	roxo
violeta	bio-le-ta	violeta
café	ka-<u>fé</u>	marrom
marrón	ma-<u>rrón</u>	marrom (Argentina)
amarillo	a-ma-<u>ri</u>-yo	amarelo
naranja	na-<u>ran</u>-Ha	laranja
rosado	ro-<u>sa</u>-do	rosa
celeste	se-<u>les</u>-te	azul celeste
claro	<u>kla</u>-ro	claro
oscuro	os-<u>ku</u>-ro	escuro

Provando a peça escolhida

Para comprar a peça certa, você precisa experimentá-la:

- ¿**Puedo probarme este pantalon?** *(pue-do pro-bar-me es-te pan-ta-lón)* (Posso provar esta calça?)
- **Cómo no, por aquí.** *(kó-mo no por a-kí)* (Claro, por aqui.)
- **Pase al probador, por favor.** *(pa-se al pro-ba-dor por fa-bor)* (Entre no provador, por favor.)
- ¿**Le quedó bien?** *(le ke-dó bien)* (Serviu? Ficou bom?)
- **Me queda grande.** *(me ke-da gran-de)* (Ficou grande.)
- **Le busco otro.** *(le bus-ko o-tro)* (Pego outra.)
- **Este aprieta aquí.** *(es-te a-prie-ta a-kí)* (Esta me aperta aqui.)
- ¿**Puede traer una de talla más grande?** *(pue-do tra-er u-na ta-ya más gran-de)* (Pode trazer uma de tamanho maior?)
- **Queda muy bien.** *(ke-da mui bien)* (Serve muito bem.)

Palavras a Saber

el probador	el pro-ba-<u>dor</u>	o provador
apretado	a-pre-<u>ta</u>-do	apertado
suelto	<u>suel</u>-to	folgado
grande	<u>gran</u>-de	grande
pequeño	pe-<u>ke</u>-nho	pequeno
los pantalones	los pan-ta-<u>lo</u>-nes	calças compridas
queda grande	<u>ke</u>-da <u>gran</u>-de	fica grande
queda bien	<u>ke</u>-da bien	ficou bom; tamanho exato
probar	pro-<u>bar</u>	provar

Usando o verbo: Comprar

Comprar *(kon-prar)* tem o mesmo significado em português, e **ir de compras** *(ir de kon-pras)* é o mesmo que "ir às compras". Comprar é um verbo regular do grupo com terminação **–ar** (veja no capítulo 2 a sua conjugação). Estas frases baseadas em **ir de compras** *(ir de kon-pras)* podem ajudá-lo no comércio:

- ✔ **Fue de compras.** *(fue de kon-pras)* (Foi às compras.)
- ✔ **¡Voy de compras!** *(boi de kon-pras)* (Vou às compras!)
- ✔ **¡Vamos de compras al mercado!** *(ba-mos de kon-pras al-mer-ka-do)* (Vamos às compras no mercado!)

Vestindo e comprando: O verbo levar

Caso você esteja vestindo ou comprando, este é um ótimo verbo.

Em espanhol, "usar, vestir", é o mesmo que **llevar** *(ye-bar)*. Boas notícias! Esse é um verbo regular do grupo com terminação em **–ar**.

Outro modo de você dizer usar é **vestir** *(bes-tir)* (vestir), que deriva da mesma palavra em português: **vestido** *(bes-ti-do)*.

Aqui estão algumas frases com **llevar**:

> ✔ **Me llevo esta camisa.** *(me ye-bo es-ta ka-mi-sa)* (Vou comprar esta camisa.)
>
> ✔ **El vestido que llevas es bellísimo.** *(el bes-ti-do que ye-bvas es be-yi-si-mo)* (O vestido que você veste é belíssimo.)
>
> ✔ **Él lleva cuenta de cúantos vestidos compraste?** *(él ye-ba kuen-ta de kuan-tos bes-ti-dos kon-pras-te)* (Você tem ideia de quantos vestidos comprou?)
>
> ✔ **La llevo.** *(la ye-bo)* (Vou levar.)

Comprando em Mercados Tradicionais

Nesta seção, você visita mercados que podem estar em áreas abertas ou fechadas, mas que são mais informais que supermercados. Nesses mercados também há vendedores e não apenas caixas, e eles podem abordá-lo para vender-lhe mercadorias que você pode ou não querer. Quando não quiser nada, simplesmente diga uma das seguintes frase:

> ✔ **Ahora no, gracias.** *(a-o-ra no, gra-sias)* (Agora não, obrigado.)
>
> ✔ **Ya tengo, gracias.** *(ya ten-go, gra-sias)* (Eu já tenho, obrigado.)
>
> ✔ **No me interesa, gracias.** *(no me in-te-re-su, gra-sias)* Não me interessa, obrigado.)
>
> ✔ **Más tarde, gracias.** *(mas tar-de, gra-sias)* (Mais tarde, obrigado.)
>
> ✔ **No me gusta, gracias.** *(no me gus-ta gra-sias)* (Não me agrada, obrigado.)
>
> ✔ **No me moleste,¡por favor!** *(no me mo-les-te por fa-bor)* (Não me incomode, por favor!)

Comprando comida

A tabela 6-2 relaciona o nome das frutas que você encontra no mercado.

Tabela 6-2		Fruta
Fruta	*Pronúncia*	*Tradução*
la cereza	la se-<u>re</u>-sa	a cereja
la ciruela	la si-<u>rue</u>-la	a ameixa
el durazno	el du-<u>ras</u>-no	o pêssego
el melocotón	el me-lo-ko-ton	o pêssego [na Espanha]
la fresa	la <u>fre</u>-sa	o morango [México, América Central e Espanha]
la frutilla	la fru-<u>ti</u>-ya	o morango [da Colômbia ao Pólo Sul]
la guayaba	la guai-<u>a</u>-ba	a goiaba
el higo	el <u>i</u>-go	o figo
la lima	la <u>li</u>-ma	a lima
el limón	el li-<u>món</u>	o limão
el mango	el <u>man</u>-go	a manga
la manzana	la man-<u>sa</u>-na	a maçã
el melón	el me-<u>lón</u>	o melão
la mora	la <u>mo</u>-ra	amora
la naranja	la na-<u>ran</u>-Ha	a laranja
la papaya	la pa-<u>pa</u>-ya	o mamão
la pera	la <u>pe</u>-ra	a pera
el plátano	el <u>plá</u>-ta-no	a banana
el pomelo	el po-<u>me</u>-lo	a toranja [no México]
la sandia	la san-<u>día</u>	melancia
la toronja	la to-<u>ron</u>-Ha	a toranja [no México]

la tuna	la <u>tu</u>-na	pera de cactus
la uva	la <u>u</u>-ba	a uva.

Vegetais frescos sempre são bons. Você pode facilmente encontrá-los na lista da tabela 6-3.

Tabela 6-3   Vegetais

Vegetais	Pronúncia	Tradução
las acelgas	las a-<u>sel</u>-gas	as acelgas
el aguacate	el a-gua-<u>ka</u>-te	o abacate
el ají	el <u>a</u>-Hí	pimenta forte [América do Sul]
el ajo	el <u>a</u>-Ho	o alho
el brócoli	el <u>bro</u>-ko-lí	o brócolis
la calabacita	la ka-la-ba-<u>si</u>-ta	a abobrinha
la calabaza	la ka-la-<u>ba</u>-sa	a abóbora
las cebollas	las ce-<u>bo</u>-yas	as cebolas
el chile	el <u>tchi</u>-le	pimenta forte [México e Guatemala]
el chile morrón	el <u>tchi</u>-le mo-<u>rrón</u>	pimenta doce [México]
la col	la kol	o repolho [México]
la coliflor	la ko-li-<u>flor</u>	a couve-flor
la espinaca	la es-pi-<u>na</u>-ka	o espinafre
la lechuga	la le-<u>tchu</u>-ga	a alface
las papas	las <u>pa</u>-pas	as batatas
la palta	la <u>pal</u>-ta	o abacate [América do Sul]
el pimentón	el pi-men-<u>tón</u>	o pimentão

el repollo	el re-po-yo	o repolho [Argentina e Chile]
la zanahoria	la sa-na-o-ria	a censura
el zapallito	el sa-pa-yi-to	abobrinha [Uruguay e Argentina]
el zapallo	el sa-pa-yo	a abóbora [América do Sul]

Aqui estão alguns peixes e frutos do mar que você pode escolher no mercado:

- **el camarón** *(ka-ma-rón)* (o camarão); **gambas** *(gam-bas)* na Espanha
- **el congrio** *(el kon-grio)* (o congrio) [Costa do Chile e Peru]
- **el huachinango** *(el ua-tchi-nan-go)* (caranho vermelho)
- **el langostino** *(el lan-gos-ti-no)* (camarões grandes)
- **el marisco** *(el ma-ris-ko)* (marisco)
- **el pescado** *(el pes-ka-do)* (o peixe)
- **la trucha** *(la tru-tcha)* (a truta)

Você pode escutar (ou precisar dizer) estas frases quando estiver escolhendo seu peixe:

- **Quiero la trucha.** *(kie-ro la tru-tcha)* (Quero a truta.)
- **Lo quiero fileteado, sin espinas.** *(lo kie-ro fi-le-te-a-do, sin es-pi-nas)* (Quero em filé, sem espinhas.)
- **¿Se lleva la cabeza para la sopa?** *(se ye-ba la ka-be-sa pa-ra la so-pa)* (Você quer levar a cabeça para a sopa?)
- **Sí, aparte, por favor.** *(sí, a-par-te, por fa-bor)* (Sim, separada por favor.)

Examinando itens especiais

Estas frases você precisará saber quando estiver comprando em lojas ou galerias especializadas:

Capítulo 6: Comprando até Cair 87

- **Busco grabados de Rufino Tamayo.** *(bus-ko gra-ba-dos de ru-fi-no ta-ma-yo)* (Procuro gravuras de Rufino Tamayo.)
- **¿Tiene broches de plata?** *(tie-ne bro-tches de pla-ta)* (Você tem broches de prata?)
- **¿Cuánto cuesta el collar que tiene en la ventana?** *(kan-to kues-ta el co-yar que tie-ne en la ben-ta-na)* (Quanto custa o colar que está na vitrine?)
- **¿Y la pintura?** *(i la pin-tu-ra)* (E o quadro?)
- **¿Vende perlas del sur de Chile?** *(ben-de per-las del sur de tchi-le)* (Vende pérolas do sul do Chile?)
- **¿De quién es la escultura en la vitrina?** *(de kién es la es-kul-tu-ra en la bi-trina)* (De quem é a escultura na vitrina?)
- **¿Lo embalamos y mandamos a su domicilio?** *(lo em-ba-la-mos i man-da-mos a su do-mi-sí-lio)* (Devemos embalar e enviar a seu endereço?)
- **¿Dónde venden objetos de cobre?** *(dón-de ben-den ob-He-tos de co-bre)* (Onde são vendido objetos de kobre?)
- **Busco objetos de vidrio.** *(bus-ko ob-He-tos de bi-drio)* (Procuro por objetos de vidro.)
- **Allí hay cerámica hecha a mano.** *(ai-yi se-rá-mi-ka e-tcha a ma-no)* (Ali tem cerâmica feita a mão.)
- **Estas ollas de barro sirven para cocinar.** *(estas o-yas de ba-rro sír-ben pa-ra ko-si-nar)* (Estes potes de barro são apropriados para se cozinhar.)

Palavras a Saber

la alfombra	la al-fon-bra	o tapete
a bombilla	la bon-bi-ya	o canudo com filtro usado para beber mate
la olla	la o-ya	o pote, a panela
el barro	el ba-rro	barro, argila
rebajar	re-ba-Har	abaixar o preço

el dibujo	el di-_bu_-Ho	o modelo
el cobre	el _ko_-bre	o cobre
el vidrio	el _bi_-drio	o vidro
soplar	so-_plar_	soprar
hecho a mano	_he_-tcho a _ma_-no	feito a mão
la cerámica	la se-_rá_-mi-ka	a cerâmica

Visitando o Supermercado

A seguir temos algumas palavras e frases que podem ajudá-lo no supermercado.

- el arroz *(el a-rroz)* (o arroz)
- el atún *(el a-tún)* (o atum)
- el fideo *(el fí-de-o)* (o macarrão)
- los cereales *(los ce-re-a-les)* (os cereais)
- las galletas *(las ga-dje-tas)* (os biscoitos ou bolinhos).
- la leche *(la le-tche)* (o leite)
- pagar *(pa-gar)* (pagar)
- el pasillo *(el pa-si-djo)* (o corredor)
- las sardinas *(las sar-di-nas)* (as sardinhas)
- el vino *(el bvi-no)* (o vinho)
- el vuelto *(el bvuel-to)* (o troco) la vuelta *(la buel-ta)* na Espanha
- las ollas *(las o-yas)* (as panelas)
- el tercer pasillo *(el ter-ser pa-si-yo)* (no terceiro corredor)
- Al fondo *(al fon-do)* (no fundo)
- Gracias, aquí está su vuelto. *(gra-sias aki es-tá su buel-to)* (Obrigado, aqui está seu troco.)

Capítulo 6: Comprando até Cair

Negociando suas Mercadorias

Se você for comprar em um mercado tradicional, deve chegar bem cedo. Muitos comerciantes acham que eles devem fazer uma primeira venda para dar o ponta-pé inicial no seu dia. Caso você se encontre numa situação dessas, poderá perceber que o comerciante não quer que você saia sem comprar alguma coisa e está assim mais disposto a reduzir o preço para realizar a venda, e você pode acabar com uma pechincha.

As seguintes frases ajudam você a pechinchar no mercado;

- **¿Cuánto cuesta?** *(kan-to kues-ta)* (Quanto custa?)
- **¿Cuánto vale?** *(kan-to ba-le)* (Quanto vale?)
- **¿A cuánto?** *(a kan-to)* (Quanto?)
- **Es barato.** *(es ba-ra-to)* (É barato.)
- **Es caro.** *(es ka-ro)* (É caro.)

Utilize estas frases para dar ênfase. Você não precisa usá-las todo o tempo, principalmente a segunda e a terceira, mas elas são divertidas de se usar e auxiliam você a expressar um certo nível de emoção.

- **¡Una ganga!** *(u-na gan-ga)* (Uma pechincha!)
- **¡Un robo!** *(un ro-bo)* (Um roubo!)
- **¡Un assalto** *(un a-sal-to)* (Um assalto!)

Você está pronto para negociar? Use estas frases para experimentar:

- **Este tapete, ¿cuánto cuesta?** *(es-te ta-pe-te, kan-to kues-ta)* (Quanto custa esse tapete?)
- **Quinientos pesos.** *(ki-nien-tos pe-sos)* (Quinhentos pesos.)
- **¿Tiene otros más baratos?** *(tie-ne o-tros más ba-ra-tos)* (Tem outros mais baratos?)
- **Tengo este, más pequeño.** *(ten-go es-te, más pe-ke-nho)* (Tenho este menor)
- **No me gusta el dibujo.** *(no me gus-ta el di-bu-Ho)* (Não gosto do desenho)

- **Este en blanco y negro, a trescientos.** *(es-te en blan-ko i ne-gro a tre-sien-tos)* (Este em branco e preto a trezentos.)
- **Me gusta. ¿A doscientos?** *(me gus-ta a do-sien-tos)* (Esse eu gosto. Duzentos?)
- **No puedo. Doscientos cincuenta. Último precio.** *(no pue-do do-sien-tos cin-kuen-ta úl-ti-mo pre-sio)* (Não posso. Duzentos e cinquenta é meu último preço.)
- **Bueno, me lo llevo.** *(bue-no me lo ye-bo)* (Está bom, eu o levo.)

Comprando a Quantidade Certa

Um **quilo** *(ki-lo)* é uma porção maior que duas libras. **Quilo** na verdade deriva da palavra quilograma, a qual representa mil gramas. Um grama é **un gramo** *(un gra-mo)*. Um grama é uma quantidade muito pequena - equivalendo ao peso da água que é necessária para encher um dedal. O **litro** *(li-tro)* equivale a quatro xícaras.

Segue uma lista com outras quantidades.

- **una docena** *(u-na do-se-na)* (uma dúzia)
- **media docena** *(me-dia do-se-na)* (meia dúzia)
- **una cincuentena** *(u-na sin-kuen-te-na)* (cinquenta)
- **una centena** *(u-na sen-te-na)* (centena)
- **un millar** *(u-n mi-yar)* (um mil)

Comparando o Bom e o Melhor

Quando você compara uma coisa à outra, você usa comparativos e superlativos. Em espanhol, na maior parte do tempo, você usa a palavra **más** *(más)* para fazer comparações e **el más** *(el más)*, a qual literalmente significa a mais, para superlativos. Um exemplo é a palavra **grande** *(gran-de)* que tem o mesmo significado do

Capítulo 6: Comprando até Cair 91

português. **Más grande** *(más gran-de)* significa "maior" e **el más grande** *(el más gran-de)* significa "o maior de todos".

Em português você geralmente troca a terminação da palavra; em espanhol, você simplesmente adiciona a palavra "**más**" ou "**El más**". Em português, o sistema pode ser semelhante para que algumas palavras não fiquem muito extensas. Nesse caso se adiciona "mais" ou "o mais" antes da palavra.

Aqui estão alguns exemplos de comparativos e superlativos em espanhol:

- **grande** *(gran-de)* (grande)
- **más grande** *(más gran-de)* (maior)
- **el más grande** *(el más gran-de)* (o maior de todos)
- **pequeño** *(pe-ke-nho)* (pequeno)
- **más pequeño** *(más pe-ke-nho)* (menor)
- **el más pequeño** *(el más pe-ke-nho)* (o menor de todos)
- **chico** *(tchi-ko)* (jovem, curto, pequeno)
- **más chico** *(más tchi-ko)* (mais jovem, mais curto, menor)
- **el más chico** *(el más tchi-ko)* (o mais jovem de todos, o mais curto de todos, o menor de todos)
- **apretado** *(a-pre-ta-do)* (apertado)
- **más apretado** *(más a-pre-ta-do)* (mais apertado)
- **el más apretado** *(el más a-pre-ta-do)* (o mais apertado de todos)
- **suelto** *(suel-to)* (solto)
- **más suelto** *(más suel-to)* (mais solto)
- **el más suelto** *(el más suel-to)* (o mais solto de todos)
- **caro** *(ka-ro)* (caro)
- **más caro** *(más ka-ro)* (mais caro)
- **el más caro** *(el más ka-ro)* (o mais caro de todos)
- **barato** *(ba-ra-to)* (barato)

- **más barato** *(más ba-ra-to)* (mais barato)
- **el más barato** *(el más ba-ra-to)* (o mais barato de todos)

Existem algumas exceções nas quais a forma comparativa não necessita da palavra **más**, como em:

- **bueno** *(bue-no)* (bom)
- **mejor** *(me-Hor)* (melhor)
- **el mejor** *(el me-Hor)* (o melhor)
- **malo** *(ma-lo)* (mau)
- **peor** *(pe-or)* (pior)
- **el peor** *(el pe-or)* (o pior de todos)

Note que também em português existem exceções às regras dos comparativos e superlativos.

Mas, talvez, o melhor é suficientemente bom para você. Pessoas que falam espanhol adoram exagerar. Assim, em espanhol, você não pode apenas comparar coisas, também tem uma forma de expressar uma condição exagerada das coisas.

Para dizer que uma coisa é exageradamente isso ou aquilo, você adiciona **-ísimo** *(í-si-mo)* ou **–ísima** *(í-si-ma)* ao adjetivo ou advérbio. Por exemplo, para dizer que alguma coisa boa, **bueno** *(bue-no)*, é exageradamente boa, você diz **buenísimo** *(bue-ni-si-mo)* (excepcionalmente boa).

Capítulo 7

Fazendo do Lazer a Primeira Prioridade

Neste capítulo
- Divertindo-se com a vida noturna da cidade
- Ficando ao ar livre
- Praticando esportes

Você não corre o risco de ficar entediado na América Latina. Seja música, filmes, teatro ou dança – a escolha é sua- você tem muito para ver e experimentar. Latinos adoram cultura e eles têm prazer em transformar as suas atividades culturais em eventos sociais - encontrar com velhos e novos amigos para assistir a filmes, ouvir concertos e óperas ou qualquer outra coisa. Eles também adoram esportes.

Tendo Bons Momentos

O prazer que as pessoas sentem na expressão cultural é universal. Todos gostam de um bom show. Aqui estão algumas frases que se usa em espanhol para expressar sua cultura:

- **¡Bailar y cantar!** *(bai-lar i kan-tar)* (Dançar e cantar!)
- **¡Ésta es para ti!** *(és-ta es pa-ra ti!)* (Esta é para você!)

Quando, aonde e há quanto tempo são perguntas frequentes em festas e precisam ser respondidas:

- ¿**A qué hora comienza la fiesta?** *(a ke o-ra ko-mien-sa la fies-ta)* (A que horas começa a festa?)
- ¿**No será muy tarde?** *(no se-rá mui tar-de)* (Não será muito tarde?)
- ¿**A qué hora acaba la fiesta?** *(a kê o-ra a-ka-ba la fies-ta)* (A que horas termina a festa?)
- ¿**Hasta qué hora?** *(as-ta kê o-ra)* (Até que horas?)
- **Dicen que dura hasta las dos de la mañana.** *(di-sen ke du-ra as-ta las dos de la ma-nha-na)* (Dizem que dura até as duas da manhã.)
- ¿**Dónde va a ser la fiesta?** *(don-de ba a ser la fies-ta)* (Aonde vai ser a festa?)
- **En el Mesón del Angel.** *(en el me-són del án-Hel)* (Na "Mesón del Angel".)

Usando o verbo invitar

Você precisa estar familiarizado com o verbo "convidar" o qual em espanhol é "**invitar**" *(in-bi-tar)*, no caso de você ser convidado para uma festa por alguém que tenha familiaridade com a língua espanhola. Boas notícias! **Invitar** é um verbo regular com terminação **–ar** (veja no capítulo 2 a conjugação). As frases seguintes ajudarão você a convidar e ser convidado.

- **Te invito al teatro.** *(te in-bi-to al te-a-tro)* (Convido você para ir ao teatro.)
- **Nos invitam al baile.** *(nos in-bi-tan al-bai-le)* (Nos convidam para ir ao baile.)
- **Ellos invitam a todos a la fiesta.** *(é-yos in-bi-tan a to-dos a la fies-ta)* (Eles convidam a todos para a festa.)
- **Tenemos que invitarlos a la casa.** *(te-ne-mos ke in-bi-tar-los a la ka-sa)* (Temos que convidá-los para vir a nossa casa.)
- **Voy a invitarlos al concierto.** *(boi a in-bi-tar-los al con-sier-to)* (Vou convidá-los para o concerto.)

_____Capítulo 7: Fazendo do Lazer a Primeira Prioridade   **95**

Observe o uso do **al** *(al)* (para o) em frases como **al teatro** e **al baile**. **Teatro** e **baile** são palavras masculinas que, normalmente pedem o artigo **el**. Mas **a el**, formado quando se adiciona a preposição **a** *(a)* (para) soa desagradável ao ouvido dos falantes de espanhol. Desse modo, unem as duas palavras e obtém-se **al**. Soa muito mais suave, você não acha?

Usando o verbo bailar

Bailar *(bai-lar)* (dançar) é um belo verbo regular, excelente para se balançar junto. A raiz desse verbo é **-bail** *(bail-)*.

Estas frases podem ajudá-lo quando quiser dançar:

- **La salsa es un baile nuevo.** *(la sal-sa es un bai-le nue-bo)* (A salsa é uma dança nova.)

- **La invito a bailar.** *(la in-bi-to a bai-lar)* (Convido você [modo formal feminino]a dançar.)

- **¿Qué clase de bailes habrá?** *(kê kla-se de bai-les a-brá)* (Que tipo de dança haverá?)

- **Habrá salsa cumbia, un poco de todo.¡Vamos hasta el reventón!** *(ha-brá sal-sa, kum-bia un po-ko de to-do. ba-mos as-ta el re-ben-tón)* (Haverá salsa, cúmbia, um pouco de tudo. Vamos nos divertir!)

- **Bailamos toda la noche.** *(bai-la-mos toda la no-tche)* (Dançamos a noite toda.)

- **Bailo hasta la mañana.** *(bai-lo as-ta la ma-nha-na)* (Dançou até de manhã.)

Palavras a Saber

la cumbia	la <u>kum</u>-bia	ritmo afro-americano
el gusto	el <u>gus</u>-to	prazer/satisfação (Literalmente o gosto)
el méson	el me-<u>són</u>	bar e restaurante em estilo antigo
la ocasión	la o-ka-<u>sión</u>	a ocasião
el reventón	el re-ben-<u>tón</u>	festa barulhenta
la salsa	la <u>sal</u>-sa	dança afro-cubana e ritmo musical (Literalmente: molho)
el viaje	el bi<u>a</u>-He	a viagem

Divertindo-se em Shows e Eventos

Os tipos de shows e eventos disponíveis nos países da América que falam espanhol variam dependendo do lugar onde são realizados. Em vilarejos ou pequenas cidades, os eventos geralmente estão relacionados com a celebração de datas importantes, tanto públicas como privadas.

A lista a seguir fornece algumas frases que podem ajudá-lo quando você pergunta ou é perguntado sobre assistir a um evento:

- **Voy a buscarte a las ocho.** *(boi a bus-<u>kar</u>-te a las <u>o</u>-tcho)* (Irei te pegar às oito [Literalmente: Irei te buscar às oito].)

- **¡Qué pena, hoy no puedo!** *(ke <u>pe</u>-na, oi no pu<u>e</u>-do)* (Que pena, hoje não posso!)

Escolhendo o cinema

A América Latina e Espanha têm produzido ricos e variados filmes. Assim, aproveite a oportunidade de ver um bom filme em língua espanhola e use mais algumas palavras em espanhol:

Capítulo 7: Fazendo do Lazer a Primeira Prioridade 97

- **Sí quieres, vamos al cine.** *(si kie-res ba-mos al si-ne)* (Se você quiser, vamos ao cinema.)

- **¿Hay muchos cines en esta ciudad?** *(ai mu-chos si-nes en es-ta siu-dad)* (Há muitos cinemas nessa cidade?)

- **¿Qué dan hoy?** *(ke dan oi)* (O que está passando hoje?)

- **Veamos la cartelera ¡Ah, mira, la versión original de "Nosferatu"!** *(be-a-mos la kar-te-le-ra! a mi-ra, la ber-sion ori-Hi-nal de nos-fe-ra-tú)* (Vejamos a programação, Ah!, veja, a versão original de "Nosferatu".)

- **Esta película me gusta.** *(es-ta pe-li-ku-la me gus-ta)* (Este filme me agrada.)

Apreciando o concerto

Ir a um concerto é uma excelente maneira de relaxar e ouvir a língua – mas você terá que falar algumas coisas para chegar lá:

- **¿Sabes sí viene a cantar Julio Iglesias?** *(sa-bes si bie-ne a kan-tar Hu-lio i-gle-sias)* (Você sabe se Julio Iglesias vem cantar?)

- **Quizás. Lo anunciaron.** *(ki-sás lo a-nun-sia-ron)* (Tomara. Eles anunciaram que sim.)

- **Espero que no vaya a cancelar.** *(es-pe-ro que no bai-a a kan-se-lar)* (Espero que ele não cancele.)

Algumas vezes, você tem sorte o bastante para estar informado de pessoas que tocam sua música favorita:

- **Sabes, mañana dan un concierto de violín con piano.** *(sa-bes ma-nha-na dan un kon-sier- to de bi-o-lín con pia-no)* (Sabe, amanhã haverá um concerto de violino e piano.)

- **¿Quiénes tocan?** *(kie-nes to-kan)* (Quem irá tocar?)

- **Nuestros amigos Luisa y Fernando.** *(nues-tros a mi gos lui-sa i fer-nan-do)* (Nossos amigos Luisa e Fernando.)

- **¿Cuál es el programa?** *(kal es el pro-gra-ma)* (Qual é o programa?)

Palavras a Saber

anunciar	a-nun-si*ar*	anunciar; publicar
cancelar	kan-se-*lar*	cancelar
juntas	*Hun*-tas	juntas
libre	*li*-bre	livre; sem ônus
la pena	la *pe*-na	uma pena, lástima; em alguns países vergonha
el programa	el pro-*gra*-ma	programa; programação
repetir	re-pe-*tir*	repetir

Desfrutando o Ar Livre

Espanhóis têm duas maneiras de expressar a ideia de estar ao ar livre:

- **al aire libre** *(al ai-re li-bre)* (ao ar livre)

    Você deve usar essa frase quando está falando em ir para a rua, jardim, ou fazendo uma caminhada.

- **a la intemperie** *(a la in-ten-pé-rie)* (ao ar livre [Literalmente: em espaços descobertos])

    Essa frase implica que você esteja se dirigindo para um local sem cobertura próxima e portanto pode estar sujeito a sofrer ou desfrutar as condições do tempo. Transmite a sensação de exposição e pouca segurança.

Os exemplos seguintes podem ajudá-lo a escolher a frase adequada:

- **Voy a nadar en una piscina al aire libre.** *(boi a na-dar en u-na pi-si-na al ai-re li-bre)* (Vou nadar em uma piscina ao ar livre.)

Capítulo 7: Fazendo do Lazer a Primeira Prioridade 99

- **No dejes las plantas a la intemperie.** *(no de-Hes las plan-tas a la in-ten-pe-rie)* (Não deixe as plantas para fora, no descoberto.)

Fazendo uma caminhada

Andar por aí e desfrutar das árvores e das plantas de mãos dadas. Aqui o verbo chave é **pasear** *(pa-se-ar)* (andar a pé; caminhar.) A lista seguinte mostra a você algumas frases que podem ajudar a descrever tais experiências:

- **¿Quieres pasear conmigo?** *(kie-res pa-se-ar kon-mi-go)* (Quer caminhar comigo?)
- **Me gusta pasear.** *(me gus-ta pa-se-ar)* (Eu gosto de caminhar.)
- **Ayer paseamos en la Alameda.** *(a-yer pa-se- a-mos en la a-la-me-da)* (Ontem andamos a pé ao longo da alameda.)
- **Hay robles y cipreses.** *(ai ro-bles i ci-pre-ses)* (Há carvalhos e ciprestes.)
- **Esa palmera da dátiles.** *(e-sa pal-me-ra da dá-ti-les)* (Essa palmeira produz tâmaras.)
- **En Chile crecen muchos eucaliptus.** *(en tchi-le kre-ken mu-tchos eu-ka-lip-tus)* (No Chile crescem muitos eucaliptos.)

Observando os animais

Durante a sua caminhada você provavelmente viu alguns animais. Essas frases permitem que você comece a conversar sobre os animais que viu durante a caminhada:

- **En el paseo vi muchas ardillas.** *(en el pa-seo bi mu-tchas ar-di-yas)* Durante a caminhada vi muitos esquilos.)
- **En la playa vemos gaviotas.** *(en la pla-ya be-mos ga-bio-tas)* (Na praia nós vimos gaivotas.)
- **En el centro hay muchas palomas.** *(en el sen-tro ai mu-tchas pa-lo-mas)* (No centro há muitas pombas.)

- **Los gorriones se ven en las ciudades.** *(los go-rrio-nes se ben en las siu-da-des)* (Os pardais são vistos nas cidades.)

- **Voy a pasear los perros.** *(boi a pa-se-ar los pe-rros)* (Vou caminhar com os cachorros.)

- **Van a una carrera de caballos.** *(ban a una ka-rre-ra de ca-ba-yos)* (Vão a uma corrida de cavalos.)

Animais são assuntos suficientes para vários livros, mas aqui estão alguns poucos exemplos para que você utilize nas conversas do dia a dia:

- **El cerro estaba cubierto de mariposas.** *(el se-rro es-ta-ba ku-bier-to de ma-ri-po- sas)* (A colina estava coberta de borboletas.)

- **De paseo vi una manada de vacas.** *(de pase-o bvi u-na ma-na-da de ba-kas)* (Enquanto andava vi um rebanho de vacas.)

- **Andamos con unas cabras.** *(an-da-mos kon u-nas ka-bras)* (Andamos com algumas cabras.)

- **Cuando pasé me perseguían unos gansos.** *(kan-do pa-sé me per-se-guian u-nos gan-sos)* (Quando passei uns gansos me perseguiram.)

- **En el lago vimos patos silvestres.** *(en el la-go bi-mos pa-tos sil-bes-tres)* (Vimos patos silvestres no lago.)

- **Una señora ¡paseaba un gato!** *(u-na se-nho-ra pa-se-a-ba un ga-to)* (Uma senhora passeava com um gato.)

- **La niña llevaba una iguana.** *(la ni-nha ye-ba-ba u-na i-gua-na)* (A menina carregava uma iguana.)

- **Le gusta jugar con el gato.** *(le gus-ta Hu-gar con el ga-to)* (Ela gosta de jogar com o gato.)

Palavras a Saber

la burra	la <u>bu</u>-rra	feminino de burro
la iguana	la i-<u>gua</u>-na	lagarto grande, verde com manchas amarelas, nativa da América do Sul e Central
el mapache	el ma-<u>pa</u>-tche	guaxinim
el puma	el <u>pu</u>-ma	puma, leão da montanha
el tucán	el tu-<u>kán</u>	o tucano, pássaro de bico largo muito colorido.

Esportes, Esportes, Esportes

Sim, esportes são jogados ao redor do mundo. Mas na América Latina e na Espanha, estamos falando de algo sagrado na face da Terra – especialmente **fútbol**.

O jogo mais popular: Futebol

Sim, **fútbol** *(fút-bol)* (futebol) é o jogo mais popular na América Latina. Esse jogo é discutido em tavernas, bares e salas de estar, e suas estrelas são consideradas heróis nacionais. Nos arriscamos a afirmar que se fala mais de **fútbol** na América Latina, do que qualquer outra coisa.

Use essas frases para conversar sobre seu esporte favorito:

- **Me divierte ver jugar fútbol.** *(me di-<u>bier</u>-te ber Hu-<u>gar</u> <u>fút</u>-bol)* (Me diverte ver futebol.)
- **¿Adónde vas a verlo?** *(a-<u>don</u>-de bas a <u>ber</u>-lo)* (Aonde você vai para vê-lo?)
- **¿Eres hincha Del Boca?** *(<u>e</u>-res <u>in</u>-tcha del <u>bo</u>-ka)* (Você é fã [torcedor] do Boca?)
- **Sí, hace muchos años.** *(sí <u>a</u>-ce <u>mu</u>-tchos <u>a</u>-nhos)* (Sim, faz muitos anos.)

- ¿Qué jugadores te gustan? *(ke Hu-ga-do-res te gus-tan)* (De quais jogadores você gosta?)
- Siempre he preferido a los de la defesa. *(sien-pre e pre-fe-ri-do a los de la de-fe-sa)* (Eu sempre preferi aqueles da defesa.)
- ¿Y no te gustan los centro delanteros? *(i no te gus-tan los sen-tro de-lan-te-ros)* (E você não gosta dos centroavantes?)

Palavras a Saber

el arquero	el ar-ke-ro	o goleiro
la cancha	la kan-tcha	o campo de futebol
el defensa	el de-fen-sa	a defesa
los delanteros	los de-lan-te-ros	os atacantes
divertir	di-ber-tir	divertir
el equipo	el e-ki-po	o time
el estádio	el es-tá-dio	o estádio
ganar	ga-nar	vencer
el gol	el gol	o arco, gol
el hincha	el hin-tcha	o torcedor, fã (hincha [een-chahr] significa inflar, inchar
el jugador	el Hu-ga-dor	o jogador
el rol	el rol	a função

Beisebol: #2

El béisbol *(el beis-bol)* (beisebol) é certamente o segundo jogo de bola mais importante (após o **futebol**) no México, América Central e Caribe.

As frases seguintes descrevem um jogo de beisebol moderno:

- Ese tipo batea de maravilla. *(e-se ti-po ba-te-a de ma-ra-bi-ya)* (Esse rapaz é um rebatedor maravilhoso.)

- **E hizo una carrera estupenda.** *(e i-so u-na ka-rre-ra es-tu-pen-da)* (E tem uma corrida estupenda.)
- **No podia creer cuando llegó a la goma.** *(no po-día kre-er kan-do ye-gó a la go-ma)* (Não podia acreditar quando ele chegou à última base.)
- **... y eso que antes era un juego con once hits.** *(i e-so que an-tes e-ra un Hue-go kon on-se rits)* (... e isso que antes era um jogo com onze batidas.) Verificar tradução!

Palavras a Saber

batear	ba-te-ar	rebater
la carrera	la ca-rre-ra	a corrida
la goma	la go-ma	primeira base (Literalmente a borracha.)

O verbo: Jugar

Jugar *(Hu-gar)* (jogar) é um verbo levemente irregular, mas é muito alegre e útil, valendo o esforço de checar a tabela 7-1

Tabela 7-1	Jugar (jogar)
Conjugação	*Pronúncia*
yo juego	yo Hue-go
tú juegas	tu Hue-gas
él, ella, ello, uno usted juega	él, e-ya, e-yo, u-no, us-te, Hue-ga
nosotros jugamos	no-so-tros Hu-ga-mos
vosotros jugáis	bo-so-tros Hu-gáis
ellos, ellas, ustedes juegan	e-yos, e-yas, us-te-des Hue-gan

Praticar um pouco do seu jogo é sempre bom. As seguintes frases podem ajudar você quando for jogar:

- ¿**Jugamos béisbol hoy?** *(Hu-ga-mos beisbol oi)* (Jogamos beisebol hoje?)
- **Juega mejor que hace un mês.** *(Hue-ga me-Hor ke a-ce un més)* (Joga melhor que há um mês.)

Capítulo 8

Quando Você For Trabalhar

Neste capítulo
- Conversando ao telefone
- Descrevendo seu escritório
- Administrando os negócios

Fazer esforço para falar espanhol com seus colegas de trabalho e clientes vai impressioná-los e, quem sabe, talvez ele sele o negócio. Este capítulo ajuda a conhecer as coisas básicas das atividades de trabalho.

Usando o Telefone

Fazer ou receber uma ligação em espanhol pode acabar com seus nervos, mas a melhor coisa a fazer é respirar profundamente e não hesitar em pedir à pessoa do outro lado que repita para você.

Atendendo ligações

Você disca um número de telefone, e depois?

- Argentinos dizem: **¡Hola!** *(o-la)*
- Chilenos dizem: **¡Aló!** *(a-lô)*
- Mexicanos dizem: **¡Bueno!** *(bue-no)*
- Na Espanha você ouve: **¡Sí!** *(si)*

Todas essas palavras significam o mesmo "Olá". Na maior parte dos países que falam espanhol se usa o **aló**, da mesma maneira que o Chile.

Estas frases vêm a calhar quando você usa o telefone:

- **llamar por teléfono** *(ya-mar por te-le-fo-no)* (fazer uma chamada telefônica)
- **marcar el número** *(mar-kar el nu-me-ro)* (discar o número)
- **colgar** *(kol-gar)* (desligar o telefone)
- **la línea está libre** *(la li-nea es-tá li-bre)* (a linha está livre)
- **la línea está ocupada** *(la li-nea es-tá o-ku-pa-da)* (a linha está ocupada)
- **el teléfono no responde** *(el te-le-fo-no no res-pon-de)* (o telefone não responde; ninguém atende)

Palavras a Saber

llamar	ya-mar	chamar
marcar	mar-kar	marcar; discar o número
el número	el nu-me-ro	o número
colgar	kol-gar	desligar o telefone
la línea	la li-nea	a linha
libre	li-bre	livre
ocupada	o-ku-pa-da	ocupada (feminino)
responder	res-pon-der	responder

Dê uma olhada nestas frases úteis, as quais você pode usar quando tiver problemas para escutar:

- **¡Bueno! ¿Hablo con Juanita?** *(bue-no, a-blo con Hua-ni-ta)* (Alô! Falo com Juanita?)
- **Perdone, no le escucho.** *(per-do-ne, no le es-ku-tcho)* (Perdão, não lhe escuto.)

Capítulo 8: Quando Você For Trabalhar 107

✔ **Está muy mala la línea, ¿lo repite por favor?** *(es-_ta_ mui _ma_-la la _lí_-nea, lo re-_pi_-te por fa-_bor_)* (A linha está muito ruim, pode repetir por favor?)

Palavras a Saber

hablar	a-_blar_	falar; conversar
escuchar	es-ku-_tchar_	escutar; ouvir
dejar	de-_Har_	deixar (uma mensagem)
más tarde	más _tar_-de	mais tarde
en la tarde	en la _tar_-de	a tarde, durante a tarde

Deixando mensagens

As próximas frases ajudarão você a entender que a pessoa para quem está ligando não está disponível e mostram como deixar uma mensagem:

✔ **En este momento no está.** *(en _es_-te mo-_men_-to no es-_tá_)* (No momento não posso atender.)

✔ **Llamo más tarde, gracias.** *(_ya_-mo más _tar_-de, _gra_-sias)* (Ligo mais tarde, obrigado.)

✔ **Quisiera dejar una mensaje.** *(ki-_sie_-ra de-_Har_ un men-_sa_-He)* (Gostaria de deixar uma mensagem.)

✔ **El mensaje es que .....** *(el men-_sa_-He es ke)* (A mensagem é que.....)

✔ **¿Me puede repetir su apellido, por favor.** *(me _pue_-de re-pe-_tir_ su a-pe-_yi_-do por fa-_bor_)* (Pode repetir seu sobrenome por favor?)

✔ **¿Cómo se escribe?** *(_kó_-mo se es-_kri_-be)* (Como se escreve?)

Se você perdeu uma ligação poderá escutar o seguinte:

- **Te llamaron por telefono.** *(te ya-ma-ron por te-lé-fo-no)* (Ligaram para você.)
- **Le llame ayer.** *(le ya-mé a-ier)* (Liguei para você [formal] ontem.)
- **Ayer no me llamaste** *(a-ier no me ya-mas-te)* (Ontem você [informal] não me ligou.)
- **Cuando te llamé me colgaron.** *(kan-do te ya-mé me col-ga-ron)* (Quando liguei [informal] eles desligaram.)
- **Te dejé un recado.** *(te de-Hé un re-ka-do)* (Te deixei um recado; mensagem.)
- **¿Dejaste un mensaje largo?** *(de-Has-te un men-sa-He lar-go)* (Deixou [informal] uma mensagem longa?)
- **El mensaje que dejaron es breve.** *(el men-sa-He ke de-Ha-ron es bre-be)* (A mensagem que deixaram é curta.)
- **Dejó el número de teléfono?** *(de-Hó el nú-me-ro de te-lé-fo-no)* (Deixou o número do seu telefone?)

Fazendo ligações a cobrar

Caso você esteja certo da mudança, conhecer estas frases pode ajudá-lo a fazer uma ligação a cobrar:

- **¡Bueno!, operadora, quisiera hacer una llamada por cobrar.** *(bue-no o-pe-ra-dora ki-sie-ra a-ser u-na ya-ma-da por ko-brar)* (Olá telefonista, queria fazer uma ligação a cobrar.)
- **¿A qué número?** *(a kê nú-me-ro)* (Para que número?)
- **¿Y el código del área?** *(i el kó-di-go del a-re-a)* (E o código da área?)
- **¿Cómo se llama usted?** *(kó-mo se ya-ma us-te)* (Como você se chama?)
- **La línea no responde. Llame más tarde, por favor.** *(la lí-nea no res-pon-de ya-me más tar-de por fa-bor)* (Ninguém atende. Chame mais tarde, por favor.)

Fora do Escritório

Aqui estão algumas palavras e frases que poderá usar para descrever seu escritório e outros edifícios.

- **edificio de oficinas** *(e-di-fí-sio de o-fi-si-nas)* (edifício de escritórios)
- **edificio de muchos pisos** *(e-di-fí-sio de mu-tchos pi-sos)* (edifício de muitos andares)
- **edificio alto** *(e di-fí-sio al-to)* (edifício alto)
- **edificio de torre** *(e-di-fí-sio de to-rre)* (torre)
- **edificio de una planta** *(e-di-fí-sio de u-na plan-ta)* (edifício de um pavimento)

Exercite o termo edificio com as seguintes frases:

- **El edificio de Correos tiene siete pisos.** *(el e-di-fí-sio de ko-rre-os ti-e-ne sie-te pi-sos)* (O edifício dos Correios tem sete andares.)
- **La oficina está en un edificio de dos pisos.** *(la o-fi-si-na es-ta en un e-di-fí-sio de dos pi-sos)* (O escritório está em um edifício de dois andares.)
- **Busco el edificio de oficinas fiscales.** *(bus-ko el e-di-fí-sio de o-fi-si-nas fis-ka-les)* (Procuro o edifício de administração fiscal.)
- **Vamos a un edificio muy alto.** *(ba-mos a un e-di-fí-sio mui al-to)* (Vamos a um edifício muito alto.)
- **En ese edificio solo hay oficinas.** *(en e-se e-di-fí-sio só-lo ai o-fi-si-nas)* (Nesse edifício só há escritórios.)
- **Tres plantas de ese edificio son de la compañía.** *(trés plan-tas de e-se e-di-fí-sio son de la kom-pa-nhia)* (Três andares desse edifício são da empresa.)

Palavras a Saber

el edificio	el e-di-fí-sio	o edifício; prédio
el piso	el pi-so	o andar
la planta baja	la plan-ta ba-Ha	piso térreo
alto	al-to	alto

Dentro do Escritório

Conversas sobre emprego, locais de trabalho e escritório não diferem muito de uma língua para outra. Tabela 8-1 relaciona alguns termos em espanhol que podem ajudar você a conversar sobre sua vida no trabalho.

Tabela 8-1   Palavras usadas no trabalho

Espanhol	pronúncia	tradução
el empleo	el en-ple-o	o emprego
presentarse	pre-sen-tar-se	estar presente em algum lugar, apresentar-se
la entrevista	la en-tre-bis-ta	a entrevista
el personal	el per-so-nal	pessoal, equipe, quadro de funcionários
el ascensor	el a-sen-sor	o elevador
el pasillo	el pa-si-yo	o corredor
la cita	la si-ta	anotação; entrevista
la secretaria	la se-kre-ta-ria	a secretária
el secretario	el se-kre-ta-rio	o secretário
gerencial	He-ren-si-al	gerencial; administrativo
antes	an-tes	antes
la carta	la kar-ta	a carta
la recomendación	la re-ko-men-da-sion	a recomendação

Procurando emprego

Interessado em trabalhar em um ambiente onde se fala espanhol? Aqui mostramos como uma entrevista pode se desenvolver:

- **¿Tiene experiencia con computadoras?** *(tie-ne ex-pe-rien-sia kon kon-pu-ta-do-ras)* (Você tem experiência com computadores?)

- **Sí, tengo cinco años de experiencia.** *(sí, ten-go sin-ko a-nhos de ecs-pe-ri-en-sia)* (Sim, tenho cinco anos de experiência.)

- **¿Qué trabajo ha hecho con computadoras?** *(kê tra-ba-Ho a e-tcho kon kon-pu-ta-do-ras)* (Que trabalho você fez com computadores?)

- **He trabajado en captura de datos y también en procesar textos.** *(he tra-ba-Ha-do en kap-tu-ra de da-tos i tan-bién en pro-se-sar tecs-tos)* (Eu trabalhava na coleta de dados e também no processamento de texto.)

- **¿Le ha tocado hacer diseño?** *(le a to-ka-do a-ser di-se-nho)* (Você chegou a fazer projetos?)

- **¿Maneja usted el correo eletrónico?** *(ma-ne-Ha us-te el co-He-o e-lec-tró-ni-co)* (Maneja o correio eletrônico?)

- **Sí. También manejo otros programas. Mi anterior jefe era diseñador de programas.** *(sí, tam-bién ma-ne-Ho o-tros pro-gra-mas mi an-te-ri-or He-fe e-ra di-se-nha-dor de pro-gra-mas)* (Sim, também tenho conhecimento de outros programas. Meu chefe anterior era um designer de programas.)

Palavras a Saber

la computadora	la kom-pu-ta-do-ra	o computador
la captura	la kap-tu-ra	a captura (em computação: processamento)
los textos	los tecs-tos	os textos (em computação; palavras)
el diseño	el di-se-nho	o desenho
el curso	el kur-so	o curso

(continua)

manejar	ma-ne-<u>Har</u>	controlar, manejar; dirigir (carro)
programar	pro-gra-<u>mar</u>	programar; criar o software
el programa	el pro-<u>gra</u>-ma	o programa; o software

Algumas vezes, você pode encontrar trabalho por meio de rumores. No diálogo seguinte, várias vagas são abertas em uma fábrica de móveis.

- **En esa fábrica emplean gente?** *(en e-sa <u>fá</u>-bri-ka em-<u>ple</u>-an <u>gen</u>-te)* (Essa fábrica está contratando?)
- **¿Qué producen allí?** *(kê pro-<u>du</u>-sen dji)* (O que produzem ali?)
- **¿Qué empleos ofrecen?** *(kê en-<u>pleos</u> o-<u>fre</u>-sen)* (Que empregos têm vaga?)
- **Hay un empleo de oficina y otro en la planta.** *(ai un en-<u>ple</u>-o de o-fi-<u>si</u>-na i <u>o</u>-tro en la <u>plan</u>-ta)* (Há uma vaga no escritório e outra na loja.)
- **¿Por qué no pides informacíon?** *(por kê no <u>pi</u>-des in-for-ma-<u>sion</u>)* (Porque não pede informações?)

Palavras a Saber

la fábrica	la <u>fá</u>-bri-ka	a fábrica
producir	pro-du-<u>sir</u>	produzir
el empleo	el en-<u>ple</u>-o	o emprego; trabalho
emplear	en-ple-<u>ar</u>	empregar; contratar
la planta	la <u>plan</u>-ta	na loja (como na fábrica)
interesar	in-te-re-<u>sar</u>	interessar
pedir	pe-<u>dir</u>	pedir; perguntar
ofrecer	o-fre-<u>ser</u>	oferecer

Marcando e conduzindo uma reunião

Se você precisa agendar uma reunião, estas frases podem ajudá-lo:

- **Quiero organizar una reunión para el miércoles.** *(kie̱-ro or-ga-ni-sa̱r u-na reu-nio̱n pa̱-ra el mie̱r-ko-les)* (Quero marcar uma reunião para quarta-feira.)
- **Usted tiene disponible dos horas en la tarde.** *(us-te̱ tie̱-ne dis-po-ni̱-ble dos o̱-ras en la ta̱r-de)* (Você tem duas horas disponíveis a tarde.)
- **Bien. Póngala en la sala de conferencias.** *(bien po̱n-ga-la en la sa̱-la de kon-fe-re̱n-sias)* (Bem. Coloque-a na sala de conferências.)
- **Avise por fax a mi sócio, por favor y recuérdeme el día antes.** *(a-bi̱-se por fax a mi so̱-sio, por fa-bor, i re-kue̱r-de-me un di̱-a a̱n-tes)* (Avise meu sócio por fax, por favor e recorde-me um dia antes.)

Palavras a Saber

el archivo	el ar-tchi-bo	o arquivo
la base de datos	la ba̱-se de da̱-tos	a base de dados
imprimir	in-pri-mi̱r	imprimir
teclear	te-kle-a̱r	digitar; teclar
el teclado	el te kla̱-do	o teclado
enviar	en-bi-a̱r	enviar
quedarse	que-da̱r-se	ficar; permanecer
el compromiso	el con-pro-mi̱-so	o compromisso
el informe	el in-fo̱r-me	o relatório
junto	Hu̱n-to	junto

Quando chegar a hora da sua reunião, você pode usar frases similares a estas:

114 Guia de Conversação Espanhol Para Leigos, 2ª Edição Revisada

- **Señores, ante todo agradezco su presencia.** *(se-nho-res, an-te to-do a-gra-des-ko su pre-sen-sia)* (Senhores, antes de tudo, agradeço sua presença.)

- **Estamos aquí por un asunto de importancia. Estamos considerando este contrato.** *(es-ta-mos a-ki-por un a-sun-to de in-por-tan- cia. es-ta-mos kon-si-de-ran-do es-te kon-tra-to)* (Estamos aqui por um assunto importante. Estamos avaliando este contrato.)

- **¿Se ha firmado algo ya?** *(se a fir-ma-do al-go ya)* (Alguma coisa já foi assinada até o momento?)

- **Quiero consultar con ustedes primero y también quiero consultar con nuestros abogados.** *(kie-ro kon-sul-tar kon us-te-des prime- ro i tan-bien kie-ro con-sul-tar con nues-tros a-bo-ga-dos)* (Quero consultar vocês primeiro e também quero consultar nossos advogados.)

- **Tome nota para las actas de la reunión.** *(to-me no-ta pa-ra las ak-tas de la reu-nión)* (Anote para as atas da reunião.)

Palavras a Saber

el asunto	el a-sun-to	o assunto
firmar	fir-mar	assinar, sancionar
consultar	ko-sul-tar	consultar
el abogado	el a-bo-ga-do	o advogado
grabar	gra-bar	gravar

Usando emplear: O verbo empregar

Emplear *(en-ple-ar)* (empregar; contratar) é um verbo que apresenta várias facetas. Esse verbo regular tem como raiz **emple-** *(em-ple)*, Veja no capítulo 2 a conjugação dos verbos regulares.

Aqui algumas frases que ajudarão você a usar o verbo emplear:

- **La fábrica emplea cincuenta operarios.** *(la fa-bri-ka en-ple-a sin-kuen-ta o-pe-rá-rios)* (A fábrica emprega cinquenta operários.)

Capítulo 8: Quando Você For Trabalhar 115

- ✔ **Nosotros empleamos dos horas en el trabajo**. *(no-so-tros en-ple-a-mos dos o-ras en el tra-ba-Ho)* (Nós empregamos duas horas no trabalho.)

- ✔ **Van a emplearlos en un taller.** *(ban a en-ple-ar-los en un ta-yer)* (Irão empregá-los em uma oficina.)

- ✔ **Esa computadora se emplea para diseñar.** *(e-sa com-pu-ta-do-ra se en-ple-a pa-ra di-se-nhar)* (Este computador é utilizado para desenhar.)

- ✔ **Queremos emplear personas responsables.** *(que-re-mos en-ple-ar per-so-nas res-pon- sa-bles)* (Queremos contratar pessoas responsáveis.)

- ✔ **Emplean sólo personas de confianza.** *(enple-an só-lo per-so-nas de kon-fian-sa)* (Contratam apenas pessoas de confiança.)

- ✔ **La emplean porque es persona con quien se puede contar.** *(la en-ple-an por-ke es per-so-na kon kien se pue-de kontar)* Eles a empregam porque é uma pessoa com quem se pode contar.)

Hacer: O verbo fazer

Como a maioria dos verbos que você tem que usar frequentemente, **hacer** *(a-ser)* (fazer) é um verbo muito irregular, mudando sua raiz de um pronome para outro e também nos diferentes tempos verbais.

Hacer tem como raiz **hac-** transformada e alterada pela primeira pessoa do singular. A tabela 8-2 conjuga o verbo **hacer** no presente:

Tabela 8-2	Hacer
Conjugação	*Pronúncia*
yo hago	yo a-go
tú haces	tu a-ses
él, ella, ello, uno, usted hace	él é-ya é-yo u-no, us-te a-se
nosotros hacemos	no-so-tros a-se-mos

vosotros hacéis	bo-so-tros a-seis
ellos, ellas, ustedes hacen	e-yos e-yas, us-te-des a-sen

Seguem algumas frases que poderá usar com o verbo hacer:

- **Carlos hace muebles.** *(car-los a-se mue-bles)* (Carlos faz móveis.)

- **Nosotros hacemos nuestro pan.** *(no-so-tros a-se-mos nuestro pan)* (Nós fazemos nosso próprio pão.)

- **Todos hacen cola.** *(to-dos a-sen ko-la)* (Todos fazem fila.)

- **Tú haces mucha comida** *(tu a-ses mu-tcha ko-mi-da)* (Você faz muita comida.)

- **No tiene nada que hacer.** *(no tie-ne na-da ke a-ser)* (Não há nada para se fazer.)

- **No hacemos nada maio.** *(no a-se-mos na-da ma-lo)* (Não fazemos nada errado.)

- **Ignacio hace casas de adobe.** *(ig-ná-sio ase ca-sas de a-do-be)* (Ignácio faz casas de tijolo cru.)

- **Rosa María hace bellos jardines.** *(ro-sa ma-ría a-se be-yos Har-dí-nes)* (Rosa Maria faz belos jardins.)

Acondicionando o PC

Computadores fazem parte da vida diária. Aqui estão algumas frases que podem ajudá-lo a conversar sobre computadores.

- **Voy a llevar conmigo la computadora portátil.** *(boi a ye-bar kon-mi-go la kom-pu-ta-do-ra por-tá-til)* (Vou levar comigo o computador portátil ["laptop"; notebook])

- **No te olvides las baterias.** *(no te ol-bi-des las ba-te-rí-as)* (Não se esqueça das baterias.)

- **Vas a llevar el adaptador de corriente?** *(bas a ye-bar el a-dap-ta-dor de ko-rrien-te)* (Você vai levar o adaptador de voltagem?)

- **Necesitamos el adaptador para cargar la batería.** *(ne-se-si-ta-mos el a-dap-ta-dor pa-ra kar-gar la ba-te-rí-a)* (Precisamos do adaptador para carregar a bateria.)

Palavras a Saber

la computadora portátil	la <u>kom</u>-pu-ta-<u>do</u>-ra por-<u>ta</u>-til	computador portátil. "laptop"; "notebook"
la bateria	la ba-te-<u>rí</u>-a	a bateria
la corriente	la ko-rri<u>en</u>-te	a corrente
cargar	kar-<u>gar</u>	carregar

Capítulo 9

Circulando ao Redor: Transportes

Neste capítulo
- Utilizando o transporte público
- Passando pela alfândega
- Recebendo e dando instruções

Chegar onde você quer ou procurar ajuda para locomover-se no seu próprio bairro requer que use muito o espanhol. Este capítulo mostra um modo seguro de encontrar transportes e orientações.

Saindo: Meios de Transporte

Esta seção coloca você no trem ou ônibus correto além de orientá-lo sobre como chamar um táxi ou alugar um carro.

Embarcando no trem

Primeiro você tem que ir para a estação ferroviária; estas frases podem ajudar:

✔ **¿Dónde está la estacíon del tren?** (*dón-de es-tá la es-ta-sión del trén*) (Onde fica a estação de trem?)

- ¿**Cómo llego a la Estación Central?** *(co-mo ye-go a la es-ta-ción sen-tral)* (Como faço para chegar a Estação Central?)
- **Lléveme por favor a la estación del tren.** *(ye-be-me por fa-bor a la es-ta-sion del tren)* (Por favor, leve-me a estação de trem.)

Depois que você chegar à estação é necessário comprar um bilhete:

- **Un boleto para La Paz, por favor.** *(un bo-le-to pa-ra la paz, por fa-bor)* (Um bilhete para La Paz, por favor.)
- **¿Primera, segunda o tercera clase?** *(pri-me-ra, se-gun-da o ter-se-ra kla-se)* (Primeira, segunda ou terceira classe?)
- **¿A qué hora sale el tren?** *(a kê o-ra sa-le el tren)* (A que horas sai o trem?)
- **Sale diez minutos atrasado, a las 12:15.** *(sa-le diez mi-nu-tos a-tra-sa-do, a las do-se quin-se)* (O trem vai sair com dez minutos de atraso, às 12h15.)
- **¿De qué andén sale?** *(de ke an-den sa-le)* (De que plataforma ele parte?)
- **Del andén número dos.** *(del an-dén nú-me-ro dos)* (Da plataforma número dois.)

Palavras a Saber

la estación	la es-ta-sión	a estação
el tren	el tren	o trem
el boleto	el bo-le-to	o bilhete
primera clase	pri-me-ra kla-se	primeira classe
el asiento	el a-sien-to	o assento

Chamando um táxi

Quando você chega de avião ou seu carro está na locadora, precisa procurar um táxi em algum lugar. Estas frases ajudarão a perguntar pelo que você precisa:

Capítulo 9: Circulando ao Redor: Transportes 121

- ¿**Dónde encuentro un taxi?** *(don-de en-cuen-tro un ta-csi)* (Onde posso encontrar um táxi?)

- ¿**Hay paraderos de taxis?** *(ai pa-ra-de-ros de ta-csis)* (Onde é o ponto de táxi?)

- ¿**Se paga aquí el taxi?** *(se pa-ga a-ki el ta-csi)* (Pago o táxi aqui?)

- **No. El taxi se paga al llegar a su destino.** *(no el ta-csi se pa-ga al ye-gar a su des-ti-no)* (Não. O táxi se paga ao chegar ao destino.)

Tomando um ônibus

Aqui estão algumas frases úteis para quando você precisar pegar um ônibus;

- ¿**Hay paraderos de buses?** *(ai pa-ra-deros de bu-ses)* (Onde é o ponto de ônibus?)

- ¿**Hay buses para ir al centro?** *(ai bu-ses pa-ra ir al sen-tro)* (Há ônibus para ir ao centro?)

- ¿**Aquí para el bus de Palermo?** *(a-ki pa-ra el bus de pa-ler-mo)* (O ônibus para Palermo para aqui?)

- ¿**Qué bus tomo para Caballito?** *(kê bus to-no pa-ra k a-ba-yi-to)* (Que ônibus pego para ir a Caballito?)

- ¿**A qué calle va?** *(a kê ka-ye ba)* (Em que rua você vai?)

- ¿**El cuarenta me deja en Rivadavia con La Rural?** *(el kua-ren-ta me de-Ha en riba-da-bia con la ru-ral)* (O quarenta me deixa na Rivadavia com a Rural?)

- **Le dejo cerca. Suba.** *(le de-Ho ser-ka. su-ba)* (Deixa próximo. Suba.)

- ¿**Se compran los boletos antes?** *(se kon-pran los bo-le-tos an-tes)* (Compra-se o bilhete antes?)

Palavras a Saber

el paradero	el pa-ra-<u>de</u>-ro	a parada; o ponto
se paga	se <u>pa</u>-ga	paga-se
la calle	la <u>ka</u>-ye	a rua
el camión	el ka-mi-<u>ón</u>	o ônibus (no México)
el trolebús	el tro-le-<u>bus</u>	o ônibus elétrico
el trolley	el <u>tro</u>-yei	o ônibus elétrico
la micro	la <u>mi</u>-kro	o ônibus (no Chile)
el bus	el bus	o ônibus
cerca	<u>ser</u>-ka	próximo

Alugando um carro

Caso precise alugar um carro, estas duas perguntas você deve saber:

- **¿Dónde arriendan autos?** *(<u>don</u>-de a-<u>rrien</u>-dan <u>au</u>-tos)* (Onde alugam-se carros?)

- **¿Hay oficina de renta de autos?** *(ai o-fi-si-na de <u>ren</u>-ta de <u>au</u>-tos)* (Há lojas de aluguel de carros?)

Agora você vai aos detalhes para tentar alugar um carro. Aqui vão algumas coisas que precisa saber falar quando pedir informações sobre como alugar um carro:

- **Quiero arrendar un auto.** *(ki<u>e</u>-ro a-rren-<u>dar</u> un au-to)* (Quero alugar um carro.)

- **¿Me puede dar la lista de precios?** *(me pue-de dar la <u>lis</u>-ta de <u>pre</u>-sios)* (Pode me dar a lista de preços?)

- **¿Cuánto cuesta al dia?** *(<u>kan</u>-to <u>kues</u>-ta al <u>di</u>-a)* (Quanto custa ao dia?)

- **¿Cuánto cuesta por semana?** *(<u>kan</u>-to <u>kues</u>-ta por se-<u>ma</u>-na)* (Quanto custa por semana?)

Capítulo 9: Circulando ao Redor: Transportes **123**

- ✔ **¿Cuántos kilómetros puedo andar?** *(kuan-os ki-ló-me-tros pue-do an-dar)* (Quantos quilômetros posso andar?)

- ✔ **¿Cuánto cuesta el seguro?** *(kuan-to kues-ta el se-gu-ro)* (Quanto custa o seguro?)

- ✔ **¿Tiene mapas de la región?** *(tie-ne ma-pas de la re-gión)* (Você tem mapas da região?)

- ✔ **¿Dónde tengo que devolver el auto?** *(don-de ten-go ke de-bol-ber el au-to)* (Onde tenho que devolver o carro?)

Você também pode querer saber detalhes do carro que está alugando e informações sobre o tráfego.

- ✔ **¿El auto es estándar o automático?** *(el au-to es es-tan-dar o au-to-má-ti-ko)* (O carro é padrão ou automático?)

- ✔ **¿Cuántos kilómetros por litro da este auto?** *(kuan-tos ki-ló-me-tros por li-tro da es-te au-to)* (Quantos quilômetros por litro este carro faz?)

- ✔ **¿Dónde está la rueda de repuesto?** *(don-de es-tá la rue-da de re-pues-to)* (Onde está o estepe?)

- ✔ **¿Es difícil manejar por aquí?** *(es di-fí-sil ma-ne-Har por a-kí)* (É difícil dirigir por aqui?)

- ✔ **Hay que tener mucha prudencia.** *(ai ke te-ner mu-tcha pru-den-sia)* (Tem que se tomar muito cuidado.)

- ✔ **¿Habrá mucho tráfico en la mañana?** *(a-brá mu-tcho trá-fi-ko en la ma-nha-na)* (Há muito trânsito pela manhã?)

- ✔ **¿Cuál es la mejor hora para salir de la ciudad?** *(kual es la me-Hor o-ra pa-ra sa-lir de la siu-da)* (Qual a melhor hora para se sair da cidade?)

As pessoas na locadora de automóveis podem saber algo sobre as estradas que você não sabe. Aqui estão algumas perguntas e respostas que pode usar enquanto o funcionário e você olham o mapa.

- ✔ **¿Están pavimentados los caminos?** *(es-tan pa-bi-men-ta-dos los ka-mi-nos)* (As estradas estão pavimentadas?)

- ✔ **No todos. Estos son de tierra. (terracería** [México]) *(no to-dos es-tos son de tie-rra)* (Nem todas. Estas são de terra.)

- **Esos caminos tienen muchos baches.** (*e-sos ka-mi-nos tie-nen mu-tchos ba-tches*) (Esses caminhos tem muitos buracos.)
- **Esos caminos son excelentes.** (*e-sos ka-mi-nos son ecs-ke-len-tes*) (Esses caminhos são excelentes.)
- **Hay autopista.** (*ai au-to-pis-ta*) (Tem rodovia.)
- **Son caminos de peaje.** (**cuotas** [México]) (*son ka-mi-nos de pe-a-He*) (São estradas com pedágio.)

Palavras a Saber

arriendan	a-rrien-dan	alugam
renta	ren-ta	aluga
el camino	el ka-mi-no	a estrada; o caminho
el pavimento	el pa-bi-men-to	a pavimentação
de tierra	de tie-rra	de terra (estrada)
de terracería	de te-rra-se-ría	de terra (estrada)
la autopista	la au-to-pis-ta	a rodovia
la cuota	la kuo-ta	o pedágio (México)
el peaje	el pea-He	o pedágio
manejar	ma-ne-Har	dirigir
los reglamentos	los reg-la-men-tos	as regras; regulamentos
doblar	do-blar	virar
salir	sa-lir	sair

Apresentando o Passaporte

Sempre que atravessar uma fronteira internacional terá que passar pelo órgão que vistoria os passaportes. Se estiver chegando ao país de trem, o bilheteiro em algum momento dirá alguma coisa como:

Capítulo 9: Circulando ao Redor: Transportes

- ¿Me permiten sus pasaportes por favor? *(me per-_mí_-ten sus pa-sa-_por_-tes por fa-_bor_)* (Posso ver seus passaportes, por favor?)

- Me llevo sus pasaportes un rato. *(me _ye_-bo sus pa-sa-_por_-tes un _ra_-to)* (Vou demorar um pouco com seus passaportes.)

- Aquí tiene de vuelta sus pasaportes. *(a-_kí_ tie-nen de bu_el_-ta sus pa-sa-_portes_)* (Aqui estão seus passaportes de volta.)

- Aquí tienem formulários de Aduana. *(a-_kí_ tie-nen sus for-mu-_la_-rios de a-dua-na)* (Aqui vocês tem os formulários da Alfândega.)

- Llenen por favor el cuestionario. *(_ye_-nen por fa-_bor_ el kues-tio-_ná_-rio)* (Leiam o questionário, por favor.)

- All llegar llévolo a la Aduana. *(al _ye_-gar ye-bo- lo a la a-du_a_-na)* (Ao chegar, levo você até a Alfândega.)

Se você está viajando de avião para outro país, o pessoal do aeroporto pode ajudá-lo a passar na imigração. Aqui estão algumas frases que você pode escutar durante esse processo.

- Pase a Inmigración *(_pa_-se a in-mi-gra-_sion_)* (Vá para a imigração.)

- Pase por aquí con su pasaporte en la mano. *(_pa_-se por a-_kí_ con su pa-sa-_por_-te en la _na_-no)* (Passe por aqui com seu passaporte em mãos.)

Não importa de que forma você entre no país, esteja pronto para responder a algumas destas questões:

- ¿De dónde viene? *(de _don_-de bie-ne)* (De onde você vem?)

- ¿En qué vuelo llegó? *(en ke bue-lo yegó)* (Em que voo chegou?)

- ¿A dónde va? *(a _don_-de ba)* (Para onde vai?)

- ¿Cuánto tiempo quiere quedarse en el país? *(ku_an_-to tien-po kie-re ke-_dar_-se en el pa-_ís_)* (Por quanto tempo pretende permanecer no país?)

- ¿Cuánto dinero trae consigo? *(ku_an_-to di-ne-ro trae kon-_si_-go)* (Quanto dinheiro traz com você?)

- ¡Que tenga una estadia feliz! *(ke ten-ga u-na es-ta-dí-a fe-lis)* (Que tenha uma boa estadia!)

- **Pase a la Aduana, por favor.** *(pa-se a la a-dua-na por fa-bor)* (Passe na alfândega, por favor.)

Palavras a Saber

Inmigración	in-mi-gra-si-ón	Imigração
el documento	el do-ku-men-to	o documento
el pasaporte	el pa-sa-por-te	o passaporte
quedar	ke-dar	permanecer; ficar
el dinero	el di-ne-ro	o dinheiro
la estadía	la es-ta-dí-a	a estadia

Estas são algumas frases que você precisa conhecer quando for lidar com a alfândega.

- **¿Tiene algo que declarar?** *(tie-ne al-go ke de-kla-rar)* (Tem algo para declarar?)

- **No, no tengo nada que declarar.** *(no, no tengo na-da que de-kla-rar)* (Não, não tenho nada para declarar.)

- **Necesitamos revisar sus maletas.** *(ne-ce-si-ta-mos re-bvi-sar sus ma-le-tas)* (Precisamos revistar suas malas.)

- **¿Este objeto paga derechos?** *(es-te ob-Heto pa-ga de-re-tchos)* (Este objeto paga taxa?)

- **¿Cuánto se paga en derechos por este objeto?** *(kan-to se pa-ga en de-re-tchos por es-te ob-He-to)* (Quanto se paga de taxa por este objeto?)

- **Debe pagar impuestos.** *(de-be pa-gar in-pues - tos)* (Deve pagar impostos.

- **Está libre de impuestos.** *(es-ta li-bre de in-pues-tos)* (Está livre de impostos.)

- **¿Trae algún material explosivo?** *(tra-e al-gun ma-te-rial ecs-plo-si-bo)* (Traz algum material explosivo?)

Capítulo 9: Circulando ao Redor: Transportes

> ✔ **¿Trae alguna bebida alcohólica?** *(tra-e al-gu-na be-bi-da al-ko-o-li-ka)* (Traz alguma bebida alcoólica?)
>
> ✔ **¿Trae algún aparato eléctrico?** *(tra-e al-gun a-pa-ra-to e-lec-tri-ko)* (Traz algum instrumento elétrico?)
>
> ✔ **Sólo para mi uso personal.** *(so-lo pa-ra mi u-so per-so-nal)* (Só para meu uso pessoal.)

Aqui estão algumas frases que precisa conhecer quando registrar seu equipamento elétrico.

> ✔ **Por favor llene este formulario.** *(por fa-bor ye-ne es-te fo-mu-la-rio)* (Por favor, preencha este formulário.)
>
> ✔ **¿Cuáles son las máquinas que hay que registrar?** *(kua-les son las má-ki-nas que ai ke re-His-trar)* (Quais são as máquinas que tem a registrar?)
>
> ✔ **Al salir del país debe presentar este formulário.** *(al sa-lir del pa-ís de-be pre-sen-tar es-te for-mu-lá-rio)* (Ao sair do país deve apresentar este formulário.)
>
> ✔ **Puede pasar hacia la salida.** *(pue-de pa-sar a-cia la sa-li-da)* (Pode passar para a saída.)

Palavras a Saber

la aduana	la a-dua-na	a alfândega
el aparato	el a-pa-ra-to	a máquina; aparelho
uso personal	u-so per-so-nal	uso pessoal
revisar	re-bi-sar	revistar
las maletas	las ma-le-tas	malas
abrir	a-brir	abrir
afeitar	a-fei-tar	barbear
la cámara de video	la ká-ma-ra de bi-deo	filmadora
la computadora portátil	la kom-pu-ta-do-ra por-ta-til	o computador portátil "laptop; notebook"
salir	sa-lir	sair

Verbos Usados no Transporte

Quando você sai da cidade, usa muito o verbo "sair" e também o verbo "esperar": espera por ônibus, por táxis, por seus amigos. Assim, aqui temos uma dupla de verbos que irão ajudá-lo: **salir** *(sa-lir)* (sair) e **esperar** *(es-pe-rar)* (esperar).

O verbo sair: Salir

Salir *(sa-lir)* (sair) é um verbo irregular que possui vários usos diferentes. Aqui mostramos alguns dos seus usos.

- **¿De dónde sale el tranvía a Callao?** *(de don-de sa-le el tran-bia a ka-ya-o)* (De onde parte o carro para Callao?)
- **¿Cada cuánto sale el bus?** *(kua-da kan-to sa-le el bus)* (Com que frequência sai o ônibus?)
- **Salimos a andar en trolebús.** *(sa-li-mos a an-dar en tro-le-bus)* (Saímos para um passeio de bonde.)
- **Ellos salen de la estacíon del tren.** *(e-yos sa-len de la es-ta-sión del tren)*
- **Vamos a salir en la calle Oro.** *(ba-mos a sa-lir en la ca-ye o-ro)* (Nós vamos sair na rua Oro)

A seguir a conjugação do verbo salir no tempo presente.

Conjugação	Pronúncia
yo salgo	yo sal-go
tú sales	tu sa-les
él. ella, ello, uno, usted sale	él, é-ya, é-yo, u-no, us-te, sa-le
nosotros salimos	no-so-tros sa-li-mos
vosotros salis	bo-so-tros sa-lis
ellos, ellas, ustedes salen	é-yos, é-yas, us-te-des sa-len

Usando o verbo: Esperar

Esperar *(es-per-ar)* é o verbo esperar no sentido de aguardar e confiar. Nos dois casos o verbo é regular e fácil de memorizar

Capítulo 9: Circulando ao Redor: Transportes 129

como mostra a conjugação a seguir no tempo presente. A raiz verbal é **esper-** *(es-per)*; a parte do verbo na qual você adiciona as várias terminações.

Conjugação	*Pronúncia*
yo espero	yo es-pe-ro
tú esperas	tu es-pe-ras
él. ella, ello, uno, usted espera	el, e-ya, e-yo, u-no, us-te, es-pe-ra
nosotros esperamos	no-so-tros es-pe-ra-mos
vosotros esperáis	bo-so-tros es-pe-rais
ellos, ellas, ustedes esperan	e-yos, e-yas, us-te-des es-pe-ran

Esperar que *(es-pe-rar que)* é usado com o sentido de confiar, ter esperança de. **Esperar** sem estar acompanhado de pronome, sozinho, é aguardar. Aqui estão algumas frases que você pode usar quando estiver confiando, tendo esperança de, ou aguardando:

- ✔ **Espero que le guste mi auto.** *(es-pe-ro ke le gus-te mi au-to)* (Tenho esperança de que goste do meu carro.)

- ✔ **Esperamos en la cola.** *(es-pe-ra-mos en la co-la)* (Aguardamos na fila.)

- ✔ **Espero que venga el taxi.** *(es-pe-ro que ben-ga el taxi)* (Confio que o táxi venha.)

- ✔ **Espero el taxi.** *(es-pe-ro el ta-csi)* (Aguardo o táxi.)

- ✔ **No esperamos más el bus.** *(no es-pe-ra-mos mas el bus)* (Não aguardamos mais o ônibus.)

- ✔ **Deben esperar el avíon.** *(de-ben es-pe-rar el a-bión)* (Devem aguardar o avião.)

- ✔ **Espera el camión de Insurgentes.** *(es-pe-ra el ka-mión de in-su-Hen-tes)* (Ele aguarda o caminhão de insurgentes[México].

Pedindo Informações

Andar ao redor da cidade pode ser divertido, mas também confuso. Felizmente, muitas pessoas estão dispostas a ajudar e dar instruções. Apenas pergunte, e obterá respostas. Muitas pessoas adoram ajudar.

¿Adónde vamos? Aonde vamos?

¿Adónde? *(adon-de)* (aonde) é usado na maioria das vezes junto com **estar** *(es-tar)*, o verbo que significa ser num dado momento. Verifique nas frases seguintes como usar **¿dónde?** e **estar**

- **¿Dónde está el museo de Larco?** *(don-de es-ta el mu-se-o de lar-ko)* (Onde está o Museu de Larco?)
- **¿Dónde estamos ahora?** *(don-de es-ta-mos a-o-ra)* (Onde estamos agora?)
- **¿Dónde está el Hotel del Camino?** *(don-de es-ta el o-tel del ka-mi-no)* (Onde está o Hotel del Camino?)
- **¿Dónde estuviste anoche?** *(don-de Tu-bis-te a-no-tche)* (Onde esteve na noite passada?)

O mapa do local

Mapas são as chaves para você andar por toda parte, e quase todos eles orientam para as seguintes direções:

- **el norte** *(el nor-te)* (o norte)
- **el sur** *(el sur)* (o sul)
- **el este** *(el es-te)* (o leste)
- **el oriente** *(el o-rien-te)* (o leste; [literalmente onde o sol nasce])
- **el oeste** *(el o-es-te)* (o oeste)
- **el poniente** *(el po-nien-te)* (o oeste [Literalmente onde o sol se põe.])

Aqui estão algumas frases que podem ajudar:

Capítulo 9: Circulando ao Redor: Transportes *131*

- **La avenida Venus está al este de aquí.** *(la abe-ni-da ve-nus es-ta al es-te de a-kí)* (A avenida Venus está a leste daqui.)
- **Al oeste se encuentra la calle Las Violetas.** *(al o-es-te se en-kuen-tra la ka-ye las bio-le-tas)* (A calle Las Violetas encontra-se a oeste.)
- **El parque está al norte.** *(el par-ke es-tá al nor-te)* (O parque está ao norte.)
- **Al sur se va hacia el río.** *(al sur se ba a-sia el rio)* (O rio está em direção ao sul.)

As frases da tabela 9-1 são úteis quando for pedir ou dar orientações gerais.

Tabela 9-1	Palavras sobre direções	
Espanhol	*Pronúncia*	*Português*
la calle	la ka-ye	a rua
la avenida	la a-be-ni-da	a avenida
el bulevar	el bu-le-bar	a alameda
el río	el ri-o	o rio
la plaza	la pla-sa	a praça
el parque	el par-ke	o parque
el jardín	el Har-dín	o jardim
el barrio	el ba-rio	o bairro
izquierda	is-kier-da	esquerda
derecha	de-re-tcha	direita
derecho	de-re-tcho	direito
cerca	ser-ka	perto; próximo
lejos	le-Hos	longe
doblar	do-blar	virar
seguir	se-guir	seguir, manter
la cuadra	la kua-dra	o quarteirão
la manzana	la man-sa-na	o quarteirão

Pegando a direção certa

Pedir informações pode ser um pequeno problema. As pessoas para as quais você pede orientação conhecem a cidade e suas perguntas podem soar um tanto óbvias. Assim, para manter seu caminho e aguçar seus ouvidos, aqui estão algumas frases que você deve estar pronto para por em uso:

- **En el barrio hay una avenida ancha.** *(en el ba-rrio ai u-na a-be-ni-da an-tcha)* (No bairro há uma avenida larga.)
- **Nuestra calle va de norte a sur.** *(nues-tra ka-ye ba de nor-te a sur)* (Nossa rua vai de norte a sul.)
- **Mi tía vive en la Cerrada Del Olivo.** *(mi tia bi-be en la se-rra-da del o-li-bo)* (Minha tia vive na Cerrada [rua sem saída] del Olivo.)
- **Junto al río hay un gran parque.** *(Hun-to al rio ai un gran par-ke)* (Junto ao rio há um grande parque.)
- **La plaza está en el centro de la ciudad.** *(la pla-sa es-tá en el sen-tro de la ciu-da)* (A praça está no centro da cidade.)
- **En el jardín hay juegos para niños.** *(en el Har-dín a Hue-gos pa-ra ni-nhos)* (No jardim há local de recreação para crianças.)
- **El Zócalo de México es una plaza enorme.** *(el só-ca-lo de me-Hi-ko es u-na pla-sa e-nor-me)* (O Zócalo no México é uma imensa praça.)
- **Esa avenida se llama La Alameda.** *(e-sa abe- ni-da se ya-ma la a-la-me-da)* (O nome dessa avenida é La Alameda [rua arborizada.])

Esteja preparado para escutar uma extensa lista de informações como as que seguem:

- **Disculpe, ¿cómo llego al Museo de la Estampa.** *(dis-kul-pe, kó-mo ye-go al mu-se-o de la es-tam-pa)* (Desculpe, como faço para chegar ao Museu da Estampa?)
- **Muy fácil. Está muy cerca.** *(mui fá-sil. es-ta mui ser-ka)* (Muito fácil, está muito perto.)
- **Sale Del hotel.** *(sa-le del o-tel)* (Sai do hotel.)

Capítulo 9: Circulando ao Redor: Transportes **133**

- **Al salir va hacia la izquierda.** *(al sa-lir, ba a-sia la is-kier-da)* (Ao sair, vá para a sua esquerda.)

    camina hasta la segunda calle. *(ka-mi-na as-ta la se-gun-da ka-ye)* (Caminhe até a segunda rua.)

    da vuelta a la derecha, una cuadra *(da buel-ta a la de-retcha, u-na kuadra)* (vire a direita, continue por uma quadra.)

    y llega al museo. *(i ye-ga al mu-se-o)* (e você chega ao museu.)

- **Subes por esa calle, a la izquierda.** *(su-bes por e-sa ka-ye, a la is-kier-da)* (Suba por essa rua a esquerda.)

- **Bajamos por esta calle.** *(ba-Ha-mos por es-ta ka-ye)* (Desçamos por esta rua.)

Entendendo as direções

Nós usamos algumas palavras para falar onde pessoas ou coisas estão em relação a outras. Para descrever essas relações pode usar os seguintes termos:

- **al lado** *(al la-do)* (ao lado)
- **al frente** *(al fren-te)* (a frente)
- **dentro** *(den-tro)* (do lado de dentro)
- **adentro** *(a-den-tro)* (lado de **dentro**, usada quando se expressa movimento, como quando uma coisa ou pessoa se move para o interior de outra.)
- **fuera** *(fue-ra)* (do lado de fora)
- **afuera** *(a-fue-ra)* (lado de fora, usada quando se expressa movimento, como no caso anterior de **adentro**.)
- **bajo** *(ba-Ho)* (para baixo)
- **debajo** *(de-ba-Ho)* (debaixo)
- **arriba** *(a-rri-ba)* (para cima)

Pratique essas noções de direção. As frases a seguir usam termos relacionados à direção espacial:

- **La pastelería está al lado del banco.** *(la pas-te- le-ria es-ta al la-do del ban-ko)* (A confeitaria está ao lado do banco.)
- **Al frente del banco hay una zapatería.** *(al fren-te del ban-ko ai u-na sa-pa-te- ria)* (Em frente ao banco há uma sapataria.)
- **Las mesas del café están afuera.** *(las me-sas del ka-fé es-tán a-fue-ra)* (As mesas do café estão do lado de fora.)
- **Debajo de la calle corre el tren subterráneo.** *(de-ba-Ho de la ka-ye ko-rre el tren sub-te-rrá-ne-o)* (Debaixo da rua passa o trem subterrâneo [metrô].)
- **Este ascensor va arriba.** *(es-te a-sen-sor ba a-rri-ba)* (Este elevador está subindo.)

Palavras a Saber

encontrar	en-kon-trar	encontrar
la rama	la ra-ma	o galho, ramo
la esquina	la es-ki-na	a esquina
correr	ko-rrer	correr
lejano	le-Ha-no	longe, distante

Aqui, lá e em todo lugar

Em espanhol, você pode indicar aqui e ali de duas maneiras. Os nativos alternam aqui e ali frequentemente, sem distinção entre as duas palavras. Aqui e ali são advérbios; eles geralmente são colocados próximos ao verbo e a palavras que dizem respeito a lugares.

- **allá** *(a-ya)* (lá, ali)
- **allí** *(a-yi)* (lá, ali)
- **acá** *(a-ká)* (aqui)
- **aquí** *(a-kí)* (aqui)

Capítulo 9: Circulando ao Redor: Transportes

Para mostrar que não há diferença quando usa uma ou outra dessas palavras, as frases seguintes habilitam você a praticar em situações que aqui e ali devem ser usadas.

- **Allí, en la esquina está el banco.** *(a_yi_ en la es-_ki_-na es-_tá_ el _ban_-ko)* (Ali , na esquina é o banco.)
- **Allá van los turistas.** *(a-_ya_ ban los tu-_ris_-tas)* (Lá vão os turistas.)
- **Aquí se come muy bien.** *(a-_kí_ se _ko_-me mui bien)* (Aqui se come muito bem.)
- **Acá está el museo.** *(a-_ká_ es-_tá_ el mu-_seo_)* (Aqui está o museu.)
- **¡Ven acá!** *(ben a-_ká_)* (Venha aqui!)
- **¡Corre allá!** *(_co_-rre a-_ya_)* (Corre lá!)

Você pode usar as seguintes frases em espanhol para expressar a ideia de todos os lugares ou nenhum lugar em particular:

- **en todas partes** *(en _to_-das _par_-tes)* (em toda parte)
- **en ninguna parte** *(en nin-_gu_-na _par_-te)* (em nenhuma parte)

Capítulo 10

Repousando a Cabeça Cansada: Casa ou Hotel

Neste capítulo
- Checando o conforto
- Registrando-se no hotel
- Usando os verbos dormir e andar

Se você estiver trabalhando no escritório, fazendo compras ou viajando, ao final do dia, vai precisar de um lugar para descansar. Este capítulo oferece frases que podem ajudá-lo a achar uma casa ou um hotel.

Falando Sobre Casas

La casa *(la ka-sa)* (a casa): em espanhol, expressa a ideia de casa, excluindo o sentido de lar. Expressa também a ideia da edificação da casa que nós chamamos de lar.

Em espanhol, a palavra **el hogar** *(el o-gar)* (a casa no sentido de lar) tem significado de "a lareira". **El hogar** invoca algo como chama de segurança, onde calor e comida são oferecidos. **El hogar** é um lugar para aquecer-se durante os dias frios, se manter seco durante as chuvas e neve, para descansar quando você está cansado ou um lugar de comemoração durante os muitos eventos felizes da sua vida.

Use as seguintes frases para falar de casas ou de seu lar:

- **Hogar dulce hogar.** *(o-gar, dul-se o-gar)* (Lar, doce lar.)
- **Especialidad de la casa** *(es-pe-sia-li-da de la ka-sa)* (Especialidade da casa.)
- **Un error grande como una casa.** *(un e-rror gran-de ko-mo u-na ka-sa)* (Um erro do tamanho de uma casa.)
- **Anda como Pedro por su casa.** *(an-da ko-mo pe-dro por su ka-sa)* (Age como proprietário do local
- **Mudarse de casa** *(mu-dar-se de ka-sa)* (Mudar-se de casa.)

Algumas opções de aluguel

Muito provavelmente você irá morar em um imóvel alugado, o que inclui vários tipos diferentes de casa. Use as frases seguintes para ajudar na sua procura:

- **edificio de apartamentos** *(e-di-fí-sio de a-par-ta-men-tos)* (prédio de apartamentos)
- **casa de una planta** *(ka-sa de u-na plan-ta)* (casa térrea)
- **casa de dos pisos** *(ka-sa de dos pi-sos)* (sobrado, casa de dois andares)
- **casa adosada** *(ka-sa a-do-sa-da)* (casa geminada, em que uma das paredes é compartilhada com a casa do vizinho)
- **casa residencial** *(ka-sa re-si-den-sial)* (residência)
- **apartamento en arriendo** *(a-par-ta-men-to en a-rrien-do)* (apartamento para alugar)
- **apartamento en régimen de propiedad horizontal** *(a-par-ta-men-to en ré-Hi-men de pro-pie-da ho-ri-son-tal)*(condomínio)

Quer descobrir se há apartamentos disponíveis?
Tente estas frases:

- **Vimos su aviso en el diario y llamamos por el apartamento.** *(bi -mos su a-bi-so en el diá-rio i ya-ma-mos por el a-par-ta-men-to)* (Vimos seu anúncio no jornal e telefonamos para informações sobre o apartamento.)

Capítulo 10: Repousando a Cabeça Cansada: Casa... 139

- **Busco un apartamento amueblado.** *(bus-ko un-a-par-ta-men-to a-mue-bla-do)* (Procuro por um apartamento mobiliado.)

- **¿Está disponible?** *(es-ta dis-po-ni-ble)* (Está disponível?)

- **Les recomiendo ese otro apartamento.** *(les re-kon-mien-do e-se o-tro a-par-ta-men-to)* (Recomendo esse outro apartamento.)

- **¿Cuándo podemos verlo?** *(kuan-do po-de-mos ber-lo)* (Quando podemos vê-lo?)

- **Mañana en la tarde se desocupa.** *(ma-nha-na en la tar-de se de-so-cu-pa)* (Ele vai ser desocupado amanhã à tarde.)

- **Venimos a ver el apartamento.** *(be-ni-mos a ber el a-par-ta-men-to)* (Viemos ver o apartamento.)

Uma vez no apartamento, aqui estão algumas perguntas que você pode querer fazer:

- **Esta casa ¿cuántos baños tiene?** *(es-ta ka-sa kuan-tos ba-nhos tie-ne)* (Quantos banheiros há nesta casa?)

- **¿Dónde está la cocina?** *(dón-de es-tá la ko-si-na)* (Aonde é a cozinha?)

- **¿Hay cocina a gas o eléctrica?** *(ai ko-si-na a gas o e-lek-tri-ka)* (O fogão é a gás ou elétrico?)

- **¿Cuántas habitaciones hay?** *(kuan-tas abi- ta-cio-nes ai)* (Quantos quartos são ao todo?)

- **¿El gas y el agua están incluídos en el arriendo?** *(el gas i el a-gua es-tán in-klui-dos en el a-rrien-do)* (O gás e a água estão incluídos no aluguel?)

- **¿Se necesita hacer un depósito?** *(Se ne-se-si-ta a-ser un de-po-si-to)* (É necessário fazer um depósito?)

- **Vamos a pensarlo, mañana volvemos.** *(ba-nos a pen-sar-lo ma-nha-na bol-be-nos)* (Vamos pensar, amanhã voltamos.)

Palavras a Saber

disponible	dis-po-ni-ble	disponível
ocupar	o-ku-par	ocupar; instalar-se
desocupar	de-so-ku-par	desocupar; abandonar
lástima	lás-ti-ma	pena; lástima
el depósito	el de-pó-si-to	o depósito; caução
reembolsar	re-em-bol-sar	reembolsar
incluido	in-klui-do	incluído
pagar	pa-gar	pagar
amueblado	a-mue-bla-do	mobiliado
limpiar	lim-piar	limpar

Mobiliando a casa

Depois de você ter encontrado o apartamento, precisa mobiliá-lo.

Tabela 10-1 — Na Casa

Espanhol	Pronúncia	Tradução
la habitación	la a-bi-ta-sión	a habitação
el cuarto	el kuar-to	o quarto
la cocina	la ko-si-na	a cozinha
el refrigerador	el re-fri-rre-ra-dor	o refrigerador
la estufa	la es-tu-fa	o fogão (no México)
la microondas	mi-kro-on-das	o micro-ondas
el comedor	el ko-me-dor	sala de jantar
la sala	la sa-la	sala de estar
el living	el li-bing	sala de estar (no Chile)
el silión	el si-yon	poltrona

el reloj (pared)	el re-_loH_	o relógio
la sofá	la so-_fá_	o sofá
el televisor	el te-le-bi-_sor_	a televisão
los baños	los _ba_-nhos	o banheiro
medio baño	me-dio _ba_-nho	lavabo; banheiro que não possui chuveiro
la bañera	la ba-_nhe_-ra	a banheira
el espejo	el es-_pe_-Ho	o espelho
la ducha	la _du_-tcha	o chuveiro
el lavabo	el la-_ba_-bo	pia (de cozinha)
el dormitorio	el dor-mi-_to_-rio	o quarto (no Chile e Argentina)
la recámara	la re-_ka_-ma-ra	o quarto (México)
la cama	la _ka_-ma	a cama
la manta	la _man_-ta	manta, cobertor
la almohada	la al-mo-_a_-da	o travesseiro
la lámpara	la _lám_-pa-ra	a lâmpada
la alfombra	la al-_fom_-bra	o tapete
la estantería	la es-tan-te-_ri_-a	prateleiras
el armario	el ar-_má_-rio	o armário
el secador	el se-ka-_dor_	o secador
la lavadora	la la-ba-_do_-ra	máquina de lavar roupa
el aspirador	el as-pi-ra-_dor_	o aspirador de pó

Conhecendo o Hotel

Na hora em que for para seu hotel, provavelmente estará cansado da viagem. Entretanto, mesmo cansado, você provavelmente irá querer ver as acomodações antes de se registrar.

142 Guia de Conversação Espanhol Para Leigos, 2ª Edição Revisada

Conhecer as seguintes frases antes de chegar ao hotel pode facilitar a sua procura:

- **con baño** *(kón ba-nho)* (com banheiro)
- **con agua caliente** *(kon a-gua ka-lien-te)* (com água quente)
- **sólo con agua fria** *(só-lo kon a-gua fri-a)* (só com água fria)
- **a la calle** *(a la ka-ye)* (aberta para a rua)
- **al interior** *(al in-te-rior)* (aberta para dentro)
- **estacionamiento** *(es-ta-sio-na-mien-to)* (estacionamento)
- **la piscina** *(la pi-si-na)* (a piscina) – no México use **la alberca** *(la al-ber-ka)*

Palavras a Saber

la cuadra	la kua-dra	a quadra, quarteirão
el portón	el por-tón	portão
abrir	a-brir	abrir
esperar	es-pe-rar	aguardar

Quando você estiver pronto para procurar um apartamento, estas frases podem ajudá-lo;

- **Necesito una habitación, con baño.** *(ne-se-si-to u-na a-bi-ta-sión kon ba-nho)* (Preciso de um apartamento com banheiro.)
- **¿Le gusta hacia la calle o hacia el patio?** *(le gus-ta a-sia la ka-ye o a-sia el pa-tio)* (Você prefere o quarto virado para o pátio interno ou para a rua?)
- **Las del patio son muy tranquilas.** *(las del pa-tio son mui tran-ki-las)* (Os quarto virados para o pátio são muito tranquilos.)
- **Las habitaciones hacia el patio cuestan cuarenta pesos, sin desayuno.** *(las a-bi-ta-sio-nes a-sia el pa-tio kuestan kua-ren-ta pe-sos, sin de-sa-iu-no)* (Os apartamentos de frente para o pátio custam quarenta pesos, sem café da manhã.)

Capítulo 10: Repousando a Cabeça Cansada: Casa... 143

- **Prefiero una en el primer piso.** *(pre-fie-ro u-na en el pri-mer pi-so)* (Prefiro um no primeiro andar.)

- **¿Prefiere con cama matrimonial o con dos camas?** *(pre-fie-re con ka-ma ma-tri-mo-nial o kon dos ka-mas)* (Prefere com cama de casal ou com duas camas?)

- **Tengo disponible en el primer piso la habitación número ciento diecinueve. ¿Quiere verla?** *(ten-go dis-po-ni-ble en el pri-mer pi-so la a-bi-ta-sión nú-me-ro sien-to-die-si-nue-be, kie-re ber-la)* (Tenho disponível no primeiro andar o quarto cento e dezenove. Quer vê-lo?)

- **Sí, quiero verla.** *(sí kie-ro ber-la)* (Sim, quero vê-lo.)

- **Aquí está la llave.** *(a-kí es-tá la ya-be)* (Aqui está a chave.)

Palavras a Saber

la cama	la ka-ma	a cama
matrimonial	ma-tri-mo-nial	casal
ver	ber	ver
acompañar	a-kom-pa-nhar	acompanhar
preferir	pre-fe-rir	preferir
la llave	la ya-be	a chave

Se você quiser relaxar em seu quarto, pode desejar checar algumas outras coisas como:

- **¿Tiene baño?** *(tie-ne ba-nho)* (Tem banheiro privativo?)

- **¿El baño tiene tina?** *(el ba-nho tie-ne ti-na)* (O banheiro tem banheira?)

- **¿La habitación tiene televisión?** *(la a-bi-ta-sión tie-ne te-le-bi-sión)* (O quarto tem televisão?)

- **¿Se puede ver canales en inglés?** *(se pue-de ber ka-na-les en in-glés)* (Estão disponíveis canais em inglês?)

Palavras a Saber

la tina	la <u>ti</u>-na	banheira
ducharse	du-<u>tchar</u>-se	tomar banho
la ventana	la ben-<u>ta</u>-na	a janela
abrir	a-<u>brir</u>	abrir
el mueble	el mu<u>e</u>-ble	armário
el canal	el ka-<u>nal</u>	canal

Registrando-se

Se você estiver satisfeito com o quarto, então já pode se registrar:

- ✔ **Me gusta la habitación ciento diecinueve. La voy a tomar.** *(me <u>gus</u>-ta la a-bi-ta-<u>sión</u> <u>sien</u>-to die-si-nu<u>e</u>-be la boi a <u>to</u>-nar)* (Gostei do quarto. Vou ficar com ele.)

- ✔ **¿Cuántos días desea quedarse?** *(<u>kuan</u>-tos <u>días</u> de-<u>se</u>-a ke-<u>dar</u>-se)* (Quantos dias pretende ficar?)

- ✔ **El desayuno no está incluído en el precio.** *(el de-sa-<u>yu</u>-no no es-<u>tá</u> in-kluí-do en el <u>pre</u>-sio)* (O café da manhã não está incluído no preço.)

- ✔ **¿Va a hacer un depósito por la primera noche?** *(ba a <u>a</u>-ser un de-<u>po</u>-si-to por la pri-<u>me</u>-ra <u>no</u>-tche)* (Vai fazer um depósito pela primeira noite?)

- ✔ **Sí, lo voy a hacer.** *(sí, lo boi a <u>a</u>-ser)* (Sim, vou fazê-lo.)

- ✔ **¿Me pueden despertar a las siete de la mañana?** *(me pu<u>e</u>-den des-per-<u>tar</u> a las si<u>e</u>-te de la ma-<u>nha</u>-na)* (Podem me acordar as sete da manhã?)

Palavras a Saber

cuánto	kuan-to	quanto
quedarse	ke-dar-se	ficar; permanecer
registrarse	re-His-trar-se	registrar-se no hotel
incluído	in-klui-do	incluído
precio	el pre-sio	o preço

Aqui estão alguns termos que você deve conhecer para preencher o formulário de registro no hotel:

- **dirección permanente** *(di-rek-sion per-ma-nen-te)* (endereço fixo)
- **calle, ciudad, estado o provincia** *(ka-ye siu-dad es-ta-do o pro-bín-sia)* (rua, cidade, estado ou território)
- **país, código postal, telefono** *(pa-ís kó-di-go pos-tal, te-lé-fo-no)* (país, código postal, telefone)
- **número de su pasaporte** *(nú-me-ro de su pa-sa-por-te)* (número de seu passaporte)
- **si viene de vehículo....** *(si bie-ne de beí-ku-lo)* (se veio de carro....)
- **número de placa de matrícula** *(nú-me-ro de pla-ka de ma-trí-ku-la)* (número da placa)
- **fecha en que vence** *(fe-tcha en ke ben-se)* (data de validade)

Palavras a Saber

llenar	ye-nar	preencher
la ciudad	la siu-da	a cidade
el estado	el es-ta-do	o estado
la provincia	la pro-bín-sia	o território

(continua)

el código postal	el <u>kó</u>-di-go pos-<u>tal</u>	código postal; CEP
el vehículo	el be-<u>í</u>-ku-lo	o carro; veículo
la placa	la <u>pla</u>-ka	a placa
vencer	ben-<u>ser</u>	expirar

Quando visitar qualquer país estrangeiro, sempre pergunte se a água é segura para se beber. Para sua segurança, você nunca deve se basear em suposições. Aqui temos algumas frases que vão ajudá-lo a determinar o quão segura é sua água:

- ✔ **¿Es potable el agua del hotel?** *(es po-<u>ta</u>-ble el <u>a</u>-gua del o-<u>tel</u>)* (A água do hotel é potável?)
- ✔ **Sí, y también tenemos agua embotellada.** *(sí, i tan-bi<u>én</u> te-<u>ne</u>-mos <u>a</u>-gua em-bo-te-<u>ya</u>-da)* (Sim, e também temos água engarrafada.)
- ✔ **¿Dónde encuentro el agua?** *(<u>don</u>-de en-kuen-tro el <u>a</u>-gua)* (Onde encontro a água?)
- ✔ **Las bottellas están en su habitación.** *(las bo-<u>te</u>-yas es-<u>tán</u> en su a-bi-ta-<u>sion</u>)* (As garrafas estão em seu quarto.)

Palavras a Saber

la tarjeta	la tar-<u>He</u>-ta	cartão
el efectivo	el e-fek-<u>ti</u>-bo	dinheiro em espécie
la maleta	la ma-<u>le</u>-ta	a mala; bagagem
potable	po-<u>ta</u>-ble	potável
embotellada	em-bo-te-<u>ya</u>-da	engarrafada
despertar	des-per-<u>tar</u>	acordar; despertar

Quando você terminar de se registrar e se acomodar no seu quarto, algumas frases podem ser de ajuda (veja no capítulo 2 mais pronomes possessivos).

- **Esta es mi habitación.** (*es-ta es mi a-bi-ta-sión*) (Este é meu quarto.)
- **Tus llaves están en la mesa** (*tus ya-bes es-tán en la me-sa*) (Tuas chaves estão na mesa.)
- **Sus llaves se las llevó la camarera.** (*sus ya-bes se las ye-bo la ka-ma-re-ra*) (Suas chaves a camareira levou.)
- **Ese es nuestro hotel** (*e-se es nues-tro o-tel*) (Esse é nosso hotel.)
- **Vinieron en su auto.** (*bi-nie-ron en su au-to*) (Vieram em seu próprio carro.)
- **Tus toallas están secas.** (*tus to-a-yas es-tán se-kas*) (Tuas toalhas estão secas.)
- **Esas son mis maletas** (*e-sas son mis ma-le-tas*) (Essas são minhas malas.)
- **Nuestras sábanas están limpias.** (*nues-tras sá-ba-nas es-tan lim-pias*) (Nossos lençóis estão limpos.)
- **Tu pasaporte está en la recepción.** (*tu pa-sa-por-te es-tá en la re-sep-sión*) (Seu passaporte está na recepção.)
- **La cama esa es mia.** (*la ka-ma e-sa es mía*) (Esta cama é minha.)
- **Esa maleta es la tuya.** (*e-sa ma-le-ta es la tu-ya*) (Esta maleta é sua.)
- **La maleta que es tuya está en la recepción.** (*la ma-le-ta ke es tu-ya es-tá en la re-sep-sión*) (A sua maleta está na recepção.)

O Verbo Dormir

Depois de um longo dia, chega finalmente o momento de você descansar e dormir. Em espanhol, **dormir** (*dor-mir*) (dormir) é um verbo um bocado irregular, como uma pessoa realmente cansada. Veja na tabela 10-2 a sua conjugação.

Tabela 10-2	Dormir
Conjugação	*Pronúncia*
yo duermo	yo d<u>uer</u>-mo
tú duermes	tu d<u>uer</u>-mes
él. ella, ello, uno, usted duerme	él <u>é</u>-ya <u>é</u>-yo <u>u</u>-no us-<u>te</u> d<u>uer</u>-me
nosotros dormimos	no-<u>so</u>-tros dor-<u>mi</u>-mos
vosotros dormis	bo-<u>so</u>-tros dor-<u>mis</u>
ellos, ellas, ustedes duermen	<u>e</u>-yos <u>e</u>-yas us-<u>te</u>-des d<u>uer</u>-men

Aqui estão algumas frases para ajudá-lo a utilizar o verbo dormir:

- **Yo duermo todos los días ocho horas.** *(io du<u>er</u>-mo <u>to</u>-dos los días <u>o</u>-tcho <u>o</u>-ras)* (Eu durmo todos os dias oito horas.)

- **Camilo duerme en su cama.** *(ka-<u>mi</u>-lo d<u>uer</u>-me en su <u>ka</u>-ma)* (Camilo dorme na sua cama.)

- **Dormimos en nuestra casa.** *(dor-<u>mi</u>-mos en nu<u>es</u>-tra <u>ka</u>-sa)* (Dormimos em nossa casa.)

- **Los invitados duermen en tu recámara.** *(los in-bi-<u>ta</u>-dos d<u>uer</u>-men en tu re-<u>ka</u>-ma-ra)* (Os convidados dormem em seu dormitório.)

- **En mi cama duermen dos gatos.** *(en mi <u>ka</u>-ma d<u>uer</u>-men dos <u>ga</u>-tos)* (Na minha cama dormem dois gatos.)

- **Tú duermes con un osito.** *(tu d<u>uer</u>-mes con un o-<u>si</u>-to)* (Você dorme com um ursinho.)

- **Los pájaros también duermen.** *(los <u>pá</u>-Haros tan-bi<u>én</u> d<u>uer</u>-men)* (Os pássaros também dormem.)

Capítulo 10: Repousando a Cabeça Cansada: Casa... **149**

O Verbo Despertar

Use o verbo **despertar** *(des-per-tar)* (despertar) depois de uma boa noite de sono. Você pode ver que esse é um verbo irregular, pois a raiz verbal da primeira pessoa do singular é diferente da primeira pessoa do plural. Veja a tabela 10-3 com a conjugação de **despertar**.

Tabela 10-3	Despertar
Conjugação	*Pronúncia*
yo despierto	yo des-pier-to
tú despiertas	tu des-pier-tas
él. ella, ello, uno, usted despierta	él é-ya é-yo u-no us-te des-pier-ta
nosotros despertamos	no-so-tros des-per-ta-mos
vosotros despertáis	bo-so-tros des-per-tais
ellos, ellas, ustedes despiertan	e-yos e-yas us-te-des des-pier-tan

Os exemplos seguintes mostram como colocar esse verbo em prática:

- ✔ **Yo despierto temprano en la mañana.** *(yo des-pier-to tem-pra-no en la ma-nha-na)* (Eu desperto cedo pela manhã.)

- ✔ **Ustedes despiertan juntos.** *(us-te-des des-pier-tan Hun-tos)* (Vocês despertam juntos.)

- ✔ **Ellos no despiertan de noche.** *(e-yos no des-pier-tan de no-tche)* (Eles não despertam durante a noite.)

- ✔ **Despierta con el canto de los pájaros.** *(des-pier-ta con el can-to de los pá-H aros)* (Desperta com o canto dos pássaros.)

Capítulo 11

Procedimentos de Emergência

Neste capítulo
- Pedindo ajuda
- Falando sobre problemas de saúde
- Procedimentos policiais
- Obtendo ajuda nas dificuldades com o carro

Você deve estar sempre preparado para emergências, especialmente em lugares onde os residentes não falam sua língua nativa. Este capítulo aborda duas áreas nas quais você pode ter uma emergência: preocupações com saúde – fratura de um braço ou uma gastroenterite – e emergências relacionadas às leis, como acidentes de carro e outras infrações legais que requerem ajuda do seu consulado ou um advogado.

Gritando por Socorro

Você pode se ver em uma situação na qual precise gritar por socorro. Você provavelmente não terá tempo para consultar seu dicionário, assim deve memorizar estas palavras. As duas primeiras são intercambiáveis.

A lista a seguir oferece algumas palavras básicas que sinalizam perigo:

- ¡**Socorro!** *(so-ko-rro)* (Socorro!)
- ¡**Auxilio!** *(au-sí-lio)* (Auxílio!)
- ¡**Ayúdeme!** *(a-yu-de-me)* (Ajude-me!)
- ¡**Incendio!** *(in-sen-dio)* (Incêndio!)
- ¡**Inundación!** *(i-nun-da-sión)* (Inundação!)
- ¡**Temblor!** *(tem-blor)* (Tremor!)
- ¡**Terremoto!** *(te-rre-mo-to)* (Terremoto!)
- ¡**Maremoto!** *(ma-re-mo-to)* (Maremoto!)

Você pode ajudar a acelerar seu pedido usando uma destas duas palavras:

- ¡**Rápido!** *(ra-pi-do)* (Rápido!)
- ¡**Apúrense!** *(a-pu-ren-se)* (Depressa!)

Administrando Problemas de Saúde

Aqui estão algumas sentenças para ajudá-lo a ser solidário e amável, mas ao mesmo tempo firme na sua recusa por ajuda, quando não quiser fazê-lo.

- ¡**Pobrecito! ¿le ayudo?** *(po-bre-si-to le a-yu-do)* (Coitadinho, posso ajudá-lo?)
- ¡**Vengan todos a ayudar!** *(ben-gan to-dos a a-yu-dar)* (Venham todos para ajudar!)

Nestes casos, você pode responder coisas como:

- **Por favor, estoy bien, no me ayude.** *(por fa-bor, es-toi bien, no me a-yu-de)* (Por favor, estou bem, não preciso de ajuda!)
- **Muchas gracias, le agradezco, prefiero estar solo.** *(mu-tchas gra-sias, le a-gra-des-co, pre-fie-ro es-tar so-lo)* (Muito obrigado, eu agradeço, mas prefiro ficar sozinho.)
- **Estoy muy bien, gracias, no necesito ayuda.** *(es-toi mui bien, gra-sias, no ne-se-si-to a-y u-da)* (Estou muito bem, obrigado, não necessito de ajuda.)

Capítulo 11: Procedimentos de Emergência 153

- **Usted es muy gentil, gracias, no me ayude, por favor.** *(us-te es mui gen-til, gra-sias, no me a-yu-de por fa-bor)* (Você é muito gentil, obrigado mas não preciso de ajuda, por favor.)

- **Ustedes son muy amables, pero estoy bien.** *(us-te-des son mui a-ma-bles, pe-ro es-toi bien)* (Vocês são muito amáveis, mas estou bem.)

Ajudando

Esta seção oferece algumas frases que você pode usar quando quer pedir ajuda formalmente. Nela estarão as duas partes; a parte que necessita de ajuda e a que irá ajudar. No exemplo a seguir é mostrado você se dirigindo a um médico, e ele respondendo a você. Nenhum de vocês tem intimidade ou mesmo uma relação informal:

- **¿Le ayudo?** *(le a-yu-do)* (Posso ajudá-lo?)

- **Sí, ayúdame a pedir una ambulancia.** *(sí a-iu- da-me a pe-dir u-na am-bu-lan-sia)* (Sim, ajude-me a pedir uma ambulância.)

- **Espere. Le van a ayudar a cargar al herido.** *(es-pe-re le ban a a-yu-dar a kar-gar al e-ri-do)* (Espere. Eles vão ajudar a carregar o ferido.)

- **Usted ayude al enfermo a bajar de la camilla.** *(us-te a-yu-de al en-fer-mo a ba-Har de la ka-mi-ya)* (Você, ajude o enfermo a descer da maca.)

- **¡Apúrese!** *(a-pú-re-se)* (Depressa!)

Palavras a Saber

el enfermo	el en-fer-mo	o enfermo; doente, masculino
la enferma	la en-fer-ma	a enferma, doente, feminino
la camilla	la ka-mi-ya	a maca, padiola
ayuidar	a-iu-dar	ajudar
cargar	kar-gar	carregar

As seguintes frases são para situações informais – se você está falando com uma criança ou se a pessoa que está te ajudando é alguém conhecido:

- **¿Te ayudo?** *(te a-yu-do)* (Posso ajudá-lo?)
- **Sí, ayudame.** *(si, a-yu-da-me)* (Sim, ajuda-me.)
- **Te busco un médico.** *(te bus-co un mé-di-ko)* (Vou chamar um médico.)
- **¡Apúrate!** *(a-pú-ra-te)* (depressa!)
- **¡Sujétame!** *(su-He-ta-me)* (Segure-me!)

Frases de dor no caso de lesões

Quando você estiver ferido, precisa estar apto a explicar isso as pessoas para que elas possam ajudá-lo. As frases seguintes mostram a você como falar sobre dor:

- **Me duele la espalda.** *(me due-le la es-pal-da)* (Minhas costas doem.)
- **¿Le duele la cabeza?** *(le due-le la ka-be-sa)* (A sua cabeça está doendo? [singular, formal])
- **Les duele todo.** *(les due-le to-do)* (Dói-lhes tudo.)
- **Nos duelen las manos.** *(nos due-len las ma-nos)* (Nossas mãos doem.)
- **¿Te duele aquí?** *(te due-le a-kuí)* (Dói aki? [singular, informal])

Palavras a Saber

el médico	el mé-di-ko	o médico
la pierna	la pier-na	a perna
la fractura	la frak-tu-ra	a fratura (termo médico para quebra de um osso
la radiografia	la ra-dio-gra-fia	a radiografia, o raio-x
el yeso	el i-so	o gesso (também em moldes ou paredes)

(continua

Capítulo 11: Procedimentos de Emergência *155*

enyesar	en-ie-<u>sar</u>	engessar
el analgésico	el a-nal-<u>Hé</u>-si-co	analgésico

Pedindo ajuda para uma lesão sangrante

A lista a seguir mostra alguns exemplos de como pedir ajuda médica para alguém que está sangrando:

- ✔ **¡Hay una emergencia!** *(ai-<u>u</u>-na e-mer-<u>Hen</u>-si-a)* (É uma emergência!)
- ✔ **¡Traigan un médico!** *(<u>trai</u>-gan un <u>mé</u>-di-ko)* (Tragam um médico!)
- ✔ **¡Traigan una ambulancia!** *(<u>trai</u>-gan <u>u</u>-na am-bu-<u>lan</u>-sia)* (Tragam uma ambulância!)
- ✔ **Lo más rápido posible.** *(lo mas <u>ra</u>-pi-do po-<u>si</u>-ble)* (O mais rápido possível.)
- ✔ **Tiene un corte.** *(<u>tie</u>-ne un <u>kor</u>-te)* (Tem um corte.)
- ✔ **Necesita puntos.** *(ne-se-<u>si</u>-ta <u>pun</u>-tos)* (Precisa levar pontos.)

Palavras a Saber

la cabeza	la ka-<u>be</u>-sa	a cabeça
la emergencia	la e-mer-<u>Hen</u>-sia	a emergência
el corte	el <u>kor</u>-te	o corte
los puntos	los <u>pun</u>-tos	os pontos

Contando onde é a lesão

Nesta seção, lhe daremos diversas frases que serão úteis quando for dizer a alguém onde você está ferido:

- ✔ **Me sangra la nariz.** *(me <u>san</u>-gra la na-<u>ris</u>)* (Meu nariz está sangrando.)

- **No puedo ver.** *(no pue-do ber)* (Não posso ver.)
- **Me entro algo en el ojo.** *(me en-tro al-go en el o-Ho)* (Entrou algo em meu olho.)
- **Me torcí el tobillo.** *(me tor-si el to-bi-yo)* (Torci meu tornozelo.)
- **Se quebró el brazo derecho.** *(se ke-bró el bra-so de-re-tcho)* (Ele quebrou o braço direito.)
- **La herida está en el antebrazo.** *(la e-ri-da es-ta en el an-te-bra-so)* (A ferida está no antebraço.)
- **Le duele la muñeca izquierda.** *(le due-le la mu-nhe-ka is-kier-da)* (Seu pulso esquerdo dói.)
- **Se cortó el dedo índice.** *(se kor-tó el dedo ín-di-se)* (Cortou o dedo indicador.)
- **Se torció el cuello.** *(se tor-sió el kue-yo)* (Torceu o pescoço.)
- **He sentido náuseas.** *(e sen-ti-do nau-seas)* (Senti náuseas.)

Descrevendo sintomas

Na tabela 11-1 encontrará uma relação de termos relativos às partes do corpo, que poderá precisar quando visitar um médico.

Tabela 11-1 Palavras de ajuda em emergências médicas

Espanhol	Pronúncia	Português
Palavras da região da cabeça e pescoço		
el ojo	el o-Ho	o olho
la boca	la bo-ka	a boca
la lengua	la len-gua	a língua
la oreja	la o-re-Ha	a orelha
la nariz	la na-riz	o nariz
el rostro	el ros-tro	o rosto
la barba	la bar-ba	a barba
el bigote	el bi-go-te	o bigode
el cuello	el kue-yo	o pescoço

las amígdalas	las a-míg-da-las	as amídalas

Palavras da região do tronco

el hombro	el om-bro	o ombro
el corazón	el ko-ra-són	o coração
el pulmón	el pul-món	o pulmão
el estómago	el es-tó-ma-go	o estômago
el intestino	el in-tes-ti-no	o intestino
el hígado	el í-ga-do	o fígado
el riñón	el ri-nhón	o rin

Palavras da região dos braços e mãos

el brazo	el bra-so	o braço
el antebrazo	el an-te-bra-so	o antebraço
la muñeca	la mu-nhe-ka	o pulso
la mano	la ma-no	a mão
el dedo	el de-do	o dedo
el pulgar	el pul-gar	o polegar
el dedo índice	el de-do ín-di-se	o dedo indicador
el dedo del medio	el de-do del me-dio	o dedo médio
el dedo anular	el de-do a-nu-lar	o dedo anular
el dedo meñique	el de-du me-nhi-kc	o dedinho

Palavras da região das pernas e pés

el muslo	el mus-lo	a coxa
la pierna	la pier-na	a perna
el pie	ol pié	o pé
el dedo del pie	el de-do del pié	o dedo do pé
el tobillo	el to-bi-yo	o tornozelo
la pantorrilla	la pan-to-rri-ya	a panturilha
la planta del pie	la plan-ta del pié	a sola do pé

Conversando com o médico

Depois que estiver no consultório médico ou no hospital, você pode escutar algumas destas frases:

- **¿Tiene cita?** *(tie-ne si-ta)* (Você tem consulta marcada?)
- **Un momento, por favor. Tome asiento en la sala de espera.** *(un mo-men-to, por fa-bor to-me a-si-en-to en la sa-la de es-pe-ra)* (Um momento, por favor. Sente-se na sala de espera.)
- **Vamos a sacarle rayos X.** *(ba-mos a sa-kar- le ra-yos e-quis)* (Vamos tirar um raio X.)
- **No se mueva por favor.** *(no se mue-ba por fa-bor)* (Não se mexa por favor.)
- **Aquí tiene la fractura.** *(a-kí tie-ne la frak-tu-ra)* (Há uma fratura aqui.)
- **Vamos a tener que enyesar su pierna**. *(bamos a te-ner ke en-ye-sar su pier-na)* (Vamos ter que engessar sua perna.)
- **Le voy a dar un analgésico.** *(le boi a dar un a-nal-Hé-si-ko)* (Vou lhe dar um analgésico.)
- **¿Tiene mareos?** *(ti-e-ne ma-re-os)* (Você tem vertigens?)
- **Vamos a tenerle en observación durante dos días.** *(ba-mos a te-ner-le en ob-ser-ba-sión du-ran-te dos días)* (Vamos mantê-lo sob observação durante dois dias.)
- **Usted tiene la presión muy alta.** *(us-te tie-ne la pre-sión muí al-ta)* (Você tem a pressão muito alta.)

Palavras a Saber

la cita	la si-ta	a consulta
ver	ber	ver
golpear	gol-pe-ar	golpear; bater
el mareo	el ma-re-o	vertigem
la observación	la ob-ser-ba-sión	a observação

Capítulo 11: Procedimentos de Emergência 159

Visitando o dentista

Você pode encontrar ajuda nas frases seguintes caso tenha que ir a um dentista que fale o espanhol:

- **Necesito un dentista.** *(ne-se-si-to un den-tis-ta)* (Preciso de um dentista.)

- **¿Me puede recomendar un dentista?** *(me pue-de re-ko-men-dar un den-tis-ta)* (Pode me recomendar um dentista?)

- **Doctor, me duele el diente.** *(dok-tor me due-le el dien-te)* (Doutor, meu dente dói.)

- **Tiene una carie** *(tie-ne u-na ka-rie)* (Você tem uma cárie.)

- **Quebré una muela.** *(ke-bré u-na mue-la)* (Quebrei um molar.)

- **Le pondré anestesia.** *(le pon-dré a-nes-te-sia)* (Vou dar anestesia.)

- **Le taparé la carie.** *(le ta-pa-ré la ka-rie)* (Eu obturarei a cárie.)

- **Le sacaré la muela.** *(le sa-ka-ré la mue-la)* (Extrairei o molar.)

- **Le pondré un puente.** *(le pon-dré un puen-te)* (Colocarei uma ponte.)

- **Le pondré una corona.** *(le pon-dré u-na co-ro-na)* (Colocarei uma coroa.)

Palavras a Saber

el diente	el dien-te	o dente
la muela	la mue-la	o molar
la carie	la ka-rie	a cárie
el dentista	el den-tis-ta	o dentista
dolor de muelas	do-lor de mue-las	dor de dente

Assegurando-se do reembolso

Se você precisar visitar um dentista ou qualquer outro profissional enquanto estiver viajando, certifique-se de obter o recibo para entregar ao seu seguro de viagem quando retornar para casa. As frases seguintes são úteis para quando for lidar com questões relacionadas ao seguro.

- ¿**Tiene seguro dental?** *(tie-ne se-gu-ro den-tal)* (Você tem seguro que cubra procedimentos dentários?)
- ¿**Tiene seguro de salud?** *(tie-ne se-gu-ro de sa-lu)* (Tem seguro de saúde?)
- ¿**Me puede dar un recibo para el seguro?** *(me pue-de dar un re-si-bo pa-ra el se-gu-ro)* (Pode me dar um recibo para entregar no meu seguro?)

Obtendo Ajuda para Problemas Legais

A maioria das pessoas obedece às leis e não se compromete em atividades que envolvem a polícia ou outros aspectos do sistema legal. Entretanto, acidentes acontecem e você pode infringir uma lei sobre a qual você não sabe nada a respeito. Caso isso aconteça, pode precisar do auxílio do consulado (se estiver em um país estrangeiro) ou de um advogado para certificar-se de que seus direitos serão respeitados.

Aqui estão duas perguntas que você pode querer perguntar no primeiro momento:

- ¿**Hay aquí un Consulado de Brasil?** *(ai a-kí un kon-su-la-do de bra-sil)* (Existe aqui um Consulado do Brasil?)
- ¿**Hay un abogado que hable portugues?** *(ai un a-bo-ga-do que a-ble por-tu-gués)* (Existe um advogado que fale português?)

Sendo preso

Afortunadamente você nunca foi preso, mas deve saber no mínimo como chamar um advogado ou o consulado.

- **Usted va detenido.** *(us-te ba de-te-ni-do)* (Você está detido.)
- **Está circulando ebrio.** *(es-tá sir-ku-lan-do e-brio)* (Está dirigindo alcoolizado.)

Capítulo 11: Procedimentos de Emergência

- **Oficial, yo no tomo alcohol** *(o-fi-si-al, io no to-mo al-ko-ol)* (Policial, eu não bebo.)
- **Vamos a la comisaría.** *(ba-mos a la ko-mi-sa-ría)* (Vamos à delegacia.)
- **Creo que usted se equivoca.** *(kreo ke us-te se e-ki-bo-ca)* (Creio que você está enganado.)
- **Quiero hablar con un abogado.** *(kie-ro a-blar kon un a-bo-ga-do)* (Quero falar com um advogado.)
- **Quiero hablar con mi cónsul.** *(kie-ro a-blar con mi kón-sul)* (Quero falar com meu cônsul.)
- **Quiero hablar por teléfono.** *(kie-ro a-blar por te-lé-fo-no)* (Quero falar ao telefone.)

Palavras para quando você for roubado

Se alguém roubar você enquanto estiver em um país de língua espanhola, você pode conseguir ajuda usando estas frases:

- **¡Un robo!** *(un ro-bo)* (Um roubo!)
- **¡Un asalto!** *(un a-sal-to)* (Um assalto!)
- **¡Atrápenio!** *(a-tra-pen-lo)* (Pega!)
- **¡Llamen a la policía!** *(ya-men a la po-li-sía)* (Chamem a polícia!)
- **¡Me robó la billetera!** *(me ro-bó la bi-ye-te-ra)* (Me roubou a carteira.)
- **Haga una denuncia a la policía.** *(a-ga u-na de-nun-sta a la po-li-sía)* (Faça uma denúncia para a polícia.)

Informando à polícia

Caso você tenha um desagradável encontro com um ladrão, aqui estão algumas palavras que vão ajudá-lo a descrever o acusado para a polícia.

- **Era un hombre bajo, corpulento.** *(e-ra un om-bre ba-Ho, kor-pu-len-to)* (Era um homem baixo, encorpado.)
- **Tenía cabello oscuro y barba.** *(te-nía ka-be-yo os-ku-ro i bar-ba)* (Tinha cabelos escuros e barba.)

- **Vestía pantalón de mezclilla y camisa blanca.** *(bes-tía pan-ta-lón de mes-cli-ya i ka-mi-sa blan-ka)* (Vestia calça jeans e uma blusa branca.)

- **Tendrá unos cuarenta años.** *(ten-drá u-nos kua-ren-ta a-nhos)* (Tem aproximadamente quarenta anos.)

- **Iba con una mujer delgada.** *(i-ba con u-na mu-Her del-ga-da)* (Estava junto com uma mulher magra.)

- **Era alta, rubia, de ojos claros.** *(e-ra al-ta, ru-bia de o-Hos cla-ros)* (Ela era alta, loira e de olhos claros.)

Palavras a Saber

atacar	a-ta-kar	atacar
robar	ro-bar	roubar
oscuro	os-ku-ro	escuro
claro	kla-ro	claro
la billetera	la bi-ye-te-ra	a carteira (de dinheiro)
la tarjeta de crédito	la tar-He-ta de kre-di-to	o cartão de crédito
la denuncia	la de-nun-sia	o relato

Procedimento nas Emergências com o Carro

Se você se envolver em uma colisão, as frases seguintes poderão ajudar:

- **Hubo un choque.** *(u-bo un tcho-ke)* (Houve uma colisão.)
- **Paré porque cambió la luz.** *(pa-re por-ke kam-bió la lus)* (Parei porque o semáforo mudou.)
- **¿A qué velocidad iba?** *(a kê be-lo-si-da i-ba)* (Em que velocidade você ia?)

Capítulo 11: Procedimentos de Emergência

- **Iba lento, a menos de cuarenta kilómetros.** *(i-ba len-to, a me-nos de kua-ren-ta ki-ló-me-tros)* (Ia devagar, a menos de quarenta quilômetros.)

- **¿Tiene usted seguro para el auto?** *(tie-ne us-te se-gu-ro pa-ra el au-to)* (Você tem seguro do carro?)

- **Sí, quiero avisar a mi compañía de seguros.** *(sí, quie-ro a-bi-sar a mi con-pa-nhía de se-gu-ros)* (Sim, quero avisar minha companhia de seguro.)

el choque	el tcho-ke	a colisão
la velocidad	la be-lo-ci-da	a velocidade
despacio	des-pa-sio	lento
rápido	rá-pi-do	rápido
romper	ron-per	quebrar

Se o carro apresentar problemas mecânicos, use estas frases para encontrar um mecânico;

- **Necesito ayuda. Mi auto no funciona.** *(ne-se-si-to a-yu-da mi au-to no fun-sio-na)* (Preciso de ajuda. Meu carro não está funcionando.)

- **Buscamos un mecánico.** *(bus-ka-mos un me-ka-ni-ko)* (Vamos procurar um mecânico.)

- **Ahora no parte.** *(a-o-ra no par-te)* (Agora não dá partida.)

- **Vamos a revisar la batería y las bujías también.** *(ba-mos a re-bi-sar la ba-te-ría i las bu-Hías tan-bién)* (Vamos revisar a bateria e as velas também.)

Palavras a Saber

el mecánico	el me-<u>ka</u>-ni-ko	o mecânico
partir	par-<u>tir</u>	dar partida
el motor	el mo-<u>tor</u>	o motor
revisar	re-bi-<u>sar</u>	revisar
la batería	la ba-te-<u>ría</u>	a bateria
las bujías	las bu-<u>H</u>ías	as velas.

Capítulo 12

Expressões Espanholas Preferidas

ste capítulo oferece a você doze frases ou palavras que as pessoas que falam espanhol usam todo o tempo para tratar e cumprimentar uns aos outros.

¿Qué tal?

Você usa a saudação **¿Qué tal?** *(kê tal)* (Como vão as coisas?) quando encontra alguém que você já conhece. Essa frase é fácil de pronunciar e imediatamente dá a impressão de que você fala a língua fluentemente.

¿Quiubo?

"**¿Quiubo?**" *(kiu-bo?)* (Como estão as coisas?) é muito semelhante a "**¿Qué tal?**", mas é mais informal. Essa frase é comum no Chile e menos frequente em outros países. É somente usada com quem você conhece bem e com quem você tenha uma relação de informalidade.

"**¿Quiubo?**" é a junção da frase "**¿qué hubo?**" *(kê u-bo)*, que significa "O que aconteceu?" Para realmente soar como se fosse um nativo, fale "**¿Quiubo?**" apenas deixando fluir da boca, como se fosse falar quiabo.

¿Qué pasó?

No México, você frequentemente vai escutar **"¿Qué pasó?"** *(kê pa-só)* (Que aconteceu?)

Essa frase no princípio pode parecer engraçada para você. Alguém encontra outra pessoa e grita **"¿Qué pasó?"** como se eles tivessem sido separados pouco antes de um grande acontecimento e agora querem saber o que aconteceu. É o que a frase significa, mas, em espanhol, ela é largamente utilizada.

Mesmo as pessoas que mal se conhecem ou que não se veem por muitos anos podem usar essa saudação. Em qualquer caso, no México, utilize-a apenas com quem você já viu pelo menos uma vez anteriormente. Vai parecer que você esteve sempre ali.

¿Cómo van las cosas?

As pessoas bem educadas usam a delicada **"¿Cómo van las cosas?"** *(kó-mo ban las ko-sas)* (Como vão as coisas?) para expressar interesse. Essa frase também é usada quando já se encontrou a pessoa anteriormente.

"¿Cómo van las cosas?" é mais adequada do que **"¿Quiubo?"** ou **"¿Qué pasó?"** quando a pessoa que você encontra é mais velha ou quando é alguém a quem você quer demonstrar respeito.

¡Del uno!

¡Del uno! *(del u-no)* (Excelente!) Essa frase é comum no Chile, mas você também pode ouvi-la em outros lugares. Seu significado é claro, mesmo que você não a tenha ouvido antes. Veja uma pequena cantiga com esta expressão:

"¿Cómo estamos?", dijo Ramos. *(kó-mo es-ta-mos, di-Ho ra-mos)* ("Como vai?" disse Ramos)

Capítulo 12: Expressões Espanholas Preferidas **167**

"¡Del uno!," dijo Bruno. *(del u-no, di-Ho Bru-no)* ("Excelente" disse Bruno.)

Ramos e Bruno são nomes familiares usados para combinar a rima. Com essa expressão, você vai parecer um do grupo.

¿Cuánto cuesta?

Você pergunta, **"¿Cuánto cuesta?"** *(kuan-to kues-ta)* (Quanto custa?) quando for comprar e precisar saber o preço.

¿A cuánto?

"¿A cuánto?" *(a-kuan-to)* (Quanto?) é muito semelhante a **"¿Cuánto cuesta?"** exceto que essa frase pode implicar que você está perguntando o preço de um conjunto de coisas como em **"¿A cuánto la docena?"** *(a-kuan-to la do-se-na)* (Quanto a dúzia?). Você vai parecer um perito comprador quando utilizar essa expressão.

¡Un asalto!

Você pode achar que a exclamação **"¡Un asalto!"** *(un a-sal-to)* (Um assalto!) no meio de uma negociação pode ser um estímulo para baixar o preço. Entretanto, enfatizar a sua fala pode ser útil, - pelo menos o vendedor fica sabendo que você está familiarizado com essa frase que mostra sua indignação.

¡Una ganga!

Vendedores costumam utilizar a frase" **"¡Una ganga!"** *(u-na gan-ga)* (Uma pechincha!) quando tentam vender algo. Você pode mostrar a sua familiaridade com a língua quando usar essa expressão para orgulhar-se de uma compra realmente boa.

¡Buen provecho!

¡Buen provecho! *(bu_en_ pro-_be_-tcho)* (Bom proveito! [Bom apetite]).

Imagine que você está sentado em uma mesa, com a colher na mão, pronto para começar sua refeição e mergulhar na sua sopa. Para soar como um nativo você pode dizer neste exato momento, –"**¡Buen provecho!**" antes que outra pessoa o diga.

¡Salud!

¡Salud! *(sa-_lú_)* (Saúde!) tem dois usos:

- Usa-se essa palavra quando se faz um brinde como se quisesse dizer **"Alegria!"**
- É utilizada também quando alguém espirra – e deve-se responder **"¡Gracias!"**

¡Buen viaje!

Você escuta a frase **"¡Buen viaje!"** *(buen bia-He)* (Boa viagem!) por todo lugar, na estação de trem, aeroportos e terminais de ônibus. Use essa expressão quando você quiser desejar a alguém uma boa viagem.

Se você estiver lendo este livro como parte de seus preparativos para viajar, nós queremos desejar: **"¡Buen viaje!"** para você.

Capítulo 13

Frases que Farão Você Parecer um Nativo

Conhecendo apenas umas poucas palavras, desde que elas sejam as palavras certas, poderá convencer os outros de que fala espanhol fluentemente. Certas frases fazem uma grande diferença também. Este capítulo dá a você não mais que dez frases para usar no lugar certo e no momento certo. Você vai impressionar seus amigos e se divertir também.

¡Esta es la mía!

A exclamação **¡Esta es la mía!** *(es-ta es la-mía)* (Esta é minha chance [Literalmente: Esta é minha!]) é natural quando você vê uma oportunidade e quer agarrá-la.

Nesta frase, **la** *(la)* (a) refere-se a **una oportunidad** *(u-na o-por-tu-ni-da)* (uma oportunidade), mas você pode usá-la também no sentido de " É minha". Por exemplo, você pode estar pescando, esperando por **el pez** *(el pes)* (o peixe). No momento em que o peixe belisca, gritar: **¡Este es el mío!** é bem adequado. Você usa a mesma frase quando está esperando **un vuelo** *(un bue-lo)* (um voo) ou **un bus** *(un bus)* (um ônibus). Quando você vê seu avião, ou quando o ônibus chega, você diz: **¡Este es el mío!**

¿Y eso con qué se come?

¿Y eso con qué se come? *(i e-so kon kê se ko-me)* (Que cargas d'água é isso?[Literalmente E isso, com o que se come?]) é uma brincadeira que implica em conhecimento considerável da língua. A frase é clássica e não muda de um país para outro. Você diz **¿Y eso con qué se come?** quando se depara com alguma coisa absurda ou desconhecida.

Voy a ir de farra

Quando estiver indo para uma noitada na cidade, você parecerá um nativo se disser **¡Voy a ir de farra!** *(boi a ir de fa-rra)* (Vou para a farra[festa]). Você frequentemente escuta a palavra **farra** *(fa-rra)* (farra; festa) na América do Sul. Essa palavra ainda possui a forma verbal, **farrear** *(fa-rre-ar)* (farrear; se divertir).

Caer fatal

Você usa a frase **Caer fatal a uno** *(ka-er fa-tal a u-no)* (uma forte aversão a alguma coisa) para dizer que algo desagradável aconteceu a você. Você pode usar **caer fatal** para quase qualquer coisa que você não gosta ou que fere você de algum modo. Por exemplo;

- Você pode dizer," **Sus bromas me caen fatal**" *(sus bro-mas me ka-en fa-tal)* (Não suporto suas piadas.) quando o senso de humor de alguém mexe com seus nervos.

- Você pode dizer, **"La comida me cayó fatal"** *(la ko-mi-da me ka-yo fa-tal)* (A comida me fez mal) quando tiver algum mal estar em consequência de ter comido alguma coisa que não lhe caiu bem.

Nos divertimos en grande

A frase **nos divertimos en grande** *(nos di-ber-ti-mos en gran-de)* significa "nos divertimos muito." Você pode usar **en grande** *(en gran-de)* (muito, demais) para várias coisas. Por exemplo, você pode dizer, **"Comimos en grande"** *(ko-mi-mos en gran-de)* (Comemos demais) após a festa, ou **"Gozamos en grande"** *(go-sa-mos en gran-de)* (Nos divertimos muito, muito.) após um evento extremamente agradável).

Ver negro para

A maneira de dizer **ver negro para...** *(ber ne-gro pa-ra)* (Ter um tempo difícil...[Literalmente; ver em negro]) seguido de verbo, transmite a ideia de que a tarefa é extremamente difícil, árdua. A lista seguinte dá a você alguns exemplos destas frases na prática:

- ✔ **Las vimos negras para terminarlo.** *(las bi-mos ne-gras pa-ra ter-mi-nar-lo)* (Tivemos tempos difíceis para terminar isso.)
- ✔ **Los refugiados se las vieron negras para salir del área.** *(los re-fu-Hia-dos se las bie-ron ne-gras pa-ra sa-lir del a-re-a)* (Os refugiados passaram momentos difíceis para deixar a área.)

Pasó sin pena ni gloria

Você geralmente usa a frase **pasó sin pena ni gloria** *(pa-só sin pe-na ni gló-ria)* (passou despercebido) para falar sobre eventos que tiveram pequena repercussão para você ou para o público em geral. Seguem alguns exemplos de como você pode utilizar esta frase:

- ✔ **El concierto pasó sin pena ni gloria.** *(el kon-sier-to pa-só, sin pe-na ni glo-ria)* (O concerto passou despercebido.)
- ✔ **La reunión pasó sin pena ni gloria.** *(la reu-nion pa-só sin pe-na ni glo-ria)* (A reunião passou despercebida.)
- ✔ **La cena se acabó sin pena ni gloria.** *(la se-na se a-ka-bó sin pe-na ni glo-ria)* (O jantar foi só assim-assim.)

¡Así a secas!

¡Así a secas! *(a-sí a se-kas)* (assim, sem nada mais) é um modo de falar que transmite espanto ou descrença. Você pode usar esta frase de várias maneiras – geralmente com um estalar de dedos para ajudar a mostrar o quão depressa o fato aconteceu. Por exemplo, se você conhece alguém que sempre pede dinheiro emprestado, você pode dizer alguma coisa como **"Me pidió mil dólares, ¡así a secas!** *(me pi-dió mil dó-la-res, a-sí a se-kas)* (Ele me pediu mil dólares, assim sem falar nada mais!)

¡La cosa va viento en popa!

A expressão **¡la cosa va viento en popa!** *(la ko-sa ba bie-nto en po-pa)* (A coisa vai de vento em popa!, vai muito bem [Literalmente movendo-se com o vento para a popa]) provém de uma linguagem de navegação. A competição foi iniciada e o vento está vindo na direção da vela da popa. Nada poderia fazer o veleiro ir mais rápido. Você pode também dizer as seguintes frases:

- **¡El trabajo anduvo viento en popa!** *(el tra-ba-Ho an-du-bo bien-to en po-pa)* (O trabalho vai de vento em popa!)
- **¡El partido salió viento en popa!** *(el par-ti-do sa-lió bien-to en po-pa)* (A partida foi extremamente boa!)
- **¡El aprendizaje del español va viento en popa!** *(el a-pren-di-sa-He del es-pa-nhol ba bien-to en po-pa)* (O aprendizado de espanhol vai indo muito bem!)

Índice Remissivo

• *Expressões* •

¡Adiós! 19
¡Así a secas! 172
¡Buen provecho! 168
¡Buen viaje! 168
¿Como van las cosas? 166
¿Cuánto cuesta? 167
¿Decía? 19
¡Del uno! 166
¡Esta es la mía! 169
¡La cosa va viento en popa! 172
¿Qué pasó? 166
¿Qué tal? 165
¿Quiubo? 20, 165
¡Salud! 168
¡Una ganga! 167
¡Un asalto! 167
¿Y eso con qué se come? 170

• *A* •

abren 77
abril 42
acelgas 85
acento tônico 7
aceptan 76
acero 11
acompañado 72
adaptador de corriente 116
adelantado 40
adjetivos 32
adosada 138
aduana 125
agosto 43
agradable 63
agradezco 114
agua 73
aguacate 75
agua de frutas 71
aguardiente 73
aguita 73
albacora 74
alfândega 119
alfombra 87
algún 44
almuerzo 68
amarillo 81
andén 120
años 101
antebrazo 157
anunciaron 97
apellido 107
apretado 91
aprieta aquí 81
apúrese 153
ardillas 99
arriba 79
arriendan 60, 124
ascensor 110
asiento 120
autopista 124
avión 129
ayer 99
ayuda 163
ayúdame 153
ayúdeme 152
azul 80

• B •

bailar 93
bajamos 133
baño 56, 142
bateria 117
bebida alcohólica 127
begônia 12
béisbol hoy 104
billetes 44
blanco 80
bolero 7
boleto 120
bolsillos 79
bombilla 87
brócoli 85
bueno 105
Buenos Aires 63
bujías 163
burra 101
burrito 7
bus 40
buscarte 96

• C •

caballos 100
cabeza 11
cabras 100
café 81
Cajamarca 10
calabacita 85
calabaza 85
calle 122
cámara de video 127
camarón 74, 86
cancha 102
cangrejo 74
captura de datos 111
Caracas 15
cargar 117
carrera estupenda 103
cartelera 97

casi todos 64
cerámica 88
cerca 122
cereales 88
cerrada Del Olivo 132
cerveza 72
Ceviche 74
chica 54
cierran 77
cipreses 99
ciruela 84
ciudad 53
cocinar 87
código postal 146
colgar 106
colgaron 108
compañía 59
computadora 111
concierto 97
congrio 86
consoantes 8
Coquimbo 12
corre allá 135
correo eletrónico 111
corriente 117
cuál 62
cuándo comienza 39
cubiertos 67
cuchara 67
cuchillo 67
cuello 156
cuestionario 125
cuñado 16
cuota 124
cúrcuma 16

##

dátiles 99
dejar 107
dejaron 108
delanteros 102
Del Boca 101
depósito 140

derecha 72, 131
derechos 126
desayuno 68
desocupa 139
desocupar 140
detenido 160
dibujo 88, 89
diciembre 43
diente 159
dinero 125
diseñador de programas 111
diseño 111
doblar 124, 131
docena 90
dolor de muelas 159
domicilio 87
dónde 61
dónde viene 125
duermen 148
dulce hogar 138
durazno 84

• E •

edificio 109
  alto 109
  de torre 109
  muchos pisos 109
  oficinas 109
  una planta 109
efectivo 146
ejotes 73
el auto 34
el museo 130
elote 73
embotellada 146
empanada 73
empleados 59
emplean 112
emplearlos 115
empleo 110, 112
empresario independiente 59
encuentro artículos 78
enero 42
entiendo 59
escoger 72
escucho 106
escultura 87
espalda 154
España 43
especiales 72
espinaca 85
espinas 86
estación 120
estacionamiento 142
estación del tren 128
estadía 126
estándar o automático 123
es temprano 40
estómago 157
estoy 55
estuviste 26, 130
eucaliptus 99
explosivo 126

• F •

febrero 42
felices 56
Fernando Quintana Martinez 50
fiar 17
filete 74
fondo 72
fresa 84
frutilla 84
fuerte 72
fútbol 101

• G •

gaivotas 99
ganar 102
ganga 89
gazpacho 75
gijón 10
goma 103
gorriones 100

grabados 87
gracias 12
gris 80
guacamole 76
Guadalajara 15
guayaba 84
guino 12
guste 129
gusto 96
gusto conocerle 51

• H •

habitación 143, 146
hablar 56
hablo 25
habrá 95
hacia 131
hacia la salida 127
hago 115
hasta qué 39
hay sol 64
hecho 111
hermana 64
hífen 7
higo 84
hincha 102
hola 105
hombre 28
hombro 157
Hotel del Camino 130
huachinango 86

• I •

iguana 100
impuestos 126
ingredientes tiene 68
inmigración 125
insurgentes 129
intemperie 98
izquierda 78

• J •

jadeo 10
jamón serrano 74
Jane Wells 50
jueves 41
jugador 102
Julio Iglesias 97
junio 42

• K •

Kendall 50

• L •

La Alameda 132
la computadora portátil 117
la defesa 102
la hora 39
langosta 74
langostino 74
la noche 38
La Paz 120
las dos llovió 39
lavarse 27
lavo 27
leche 72
le gusta 34
lengua 156
lesão sangrante 155
libre 106
ligações a cobrar 108
lima 84
listos 72
llama 13
llamar 106
llamaste 108
llamo Kendall 50
llegaron 62
llegó 40
lléveme 120
llueve 63

lluvia 13
loco 74
los platos 67
Lucía Sanchez de Quintana 50

• M •

madre 64
madrina 65
maletas 127
malo 92
mañana 7, 97
manejar 112
manos 154
mapache 101
mariposas 18, 100
marisco 86
marrón 81
marzo 42
mayo 42
médico 154
mediodía 40
mediria 79
meios de transporte 119
mejor 62, 92
me llama 78
melocotón 84
memelas 75
mensaje 107
Mesón del Angel 94
México 58
micro 122
miércoles 41, 113
millar 90
mirar no más 78
mole 75
   amarillo 75
   colorado 75
   negro 75
   verde 76
moleste 83
molleja 74
monedas 44
mora 84

morado 81
mozo 22
muchos baches 124
muebles 116
mujer 22
muñeca 157
Museo de la Estampa 132
muslo 157

• N •

naranja 81
necesita puntos 155
nieto 64
niña 14
ningún problema 54
nombre de quién 71
nosotros 23, 61
noviembre 43
números cardinais 35

• O •

octavo piso 38
octubre 43
olla 87
olvides 116
once hits 103
ônibus 121
Orinoco 16
oro 128
oscuro 162

• P •

padrino 65
pájaro 19, 148
palomas 99
pan 75
pantalón 81
pantalones 82
papas 85
papas y ensalada 74

paraderos 121
pasaportes 125
pasillo 88, 110
pastelería 134
patos silvestres 100
pavimentados 123
pavimento 124
película 97
peor 92
pequeño 82
perdone 61
pero 63
perros 100
perseguían 100
personas 71
personas responsables 115
picante 68
pico de gallo 76
pides información 112
pie 157
pimentón 85
piña 16
piscina 98
placa de matrícula 145
plantas 99
plátano 84
playa 14
pobrecito 152
poco 55
pomelo 84
poner la mesa 67
precios 122
primer vuelo 63
probarme 81
pronomes ocultos 28
provincia 145
Puebla 59
pueblo chico 53
puerta 28
pulgar 157

quedarse 113, 125, 144
quedo bien 81
querer 71
quién 61

quilômetro 9
quisiera hacer 108
quizás 97

radiografia 154
rebajar 87
recomendación 110
recomienda 72
recuérdeme 113
región 123
reglamentos 124
renda de autos 122
repollo 86
residencial 138
reunión 113
reventón 95
revisar 126
riñón 157
Rivadavia con La Rural 121
robles 99
rodeo 7
rojo 80
rol 102
ropa de hombre 78
rueda de repuesto 123
Rufino Tamayo 87

sala de conferencias 113
salero 67
salida 79
Salinas 50
salsa roja 76
salsa verde 76
salud 72
sandía 84
sardinas 88
sección 78
señorita 7
septiembre 43
servilletas 67

sí 105
sirven 87
socorro 152
son 28
sopa marinera 74
suelto 82
sur 132

• T •

talla doce 79
taller 115
tango 7
tarjetas 76
táxi 120
templado 63
temprano 41
tenemos 68
tengo 24
tequila 12
terremoto 152
tierra 14
tijera 10
tobillo 157
toronja 16, 84
torta 75
tortilla 73
trabajo 23
transporte público 119
tranvía a Callao 128
trolebús 128
trolley 122
tucán 101
turistas 135

• U •

un trago 72
uruguayos 53
ustedes 114

• V •

vacaciones 29
vacas 100

vale 89
vaya 97
vehículo 146
velocidad 163
vengas mañana 61
venir 42
verbos irregulares 24
verbos regulares 22
verlo 101
vestidos 83
viaje 63
vidrio 87, 88
viene adelantado 40
vinieron 147
vino tinto 71
violeta 81
violín 11
vitrina 87
vogal 9
vosotros 23
voy a ir 43
vuelvo 47

• W •

Winnipeg 52

• Y •

ya tengo 83
yema 14
yeso 154
yodo 14

• Z •

zanahoria 86
zapallito 86
zapatería 134
zarzuela 11

www.ALTABOOKS.com.br
O seu portal de conhecimento na internet

Quer saber mais sobre seus assuntos preferidos? Entre em nosso website e conheça nossos mais variados títulos.

- Guias de Viagem
- Programação & Informática
- Redes & Sistemas Operacionais
- Hardware & Softaware
- Web & Sistemas Operacionais
- Ciências exatas
- Culinária
- Negócios
- Interesse Geral
- E muito mais!

E você ainda pode efetuar sua compra direto pelo site com apenas alguns cliques.

Quer mais? Visite **www.altabooks.com.br** e conheça nossos lançamentos e publicações!

ALTA BOOKS
EDITORA

ROTAPLAN
GRÁFICA E EDITORA LTDA

Rua Álvaro Seixas, 165
Engenho Novo - Rio de Janeiro
Tels.: (21) 2201-2089 / 8898
E-mail: rotaplanrio@gmail.com